루루, 하루 10분 아이와의 소통법

루루, 하루 10분 아이와의 소통법

17년간 글로 교감한 '루루'의 기적

전예서 지음

바쁘다고, 화난다고 소통을 피해서는
안 된다. 그때마다 '루루'를 통해
글로 소통한 한 엄마가 있다.
그것이 만들어낸 작은 기적이
이 책 안에 있다.

프롤로그

아이와 함께 배우고 성장하는 엄마

"엄마."

아이의 목소리로 처음 들었던 그날, 그 순간 맛본 희열과 감동이 지금도 생생하다. 아이의 안전, 행복, 건강, 성장을 책임지는 자리에 서게 되었다. 두려웠지만 말할 수 없는 기쁨으로 떨렸다. 아이가 뒤집고 기고 앉고 걸을 때까지는 힘든 것보다 신기한 것이 더 많았다. 세상을 알고 싶어 하는 아이의 눈빛과 수많은 질문, 밥을 흘리면서도 맛있게 먹는 아이를 보는 자체가 행복이었다.

그런데 아이들은 커가면서 나하고 다른 생각을 했고, 뻔한 일도 실수했다. 간단한 것을 어려워하고 스스로 챙겨야 하는 일도 소홀히 했다. 싸울 일이 아닌데 싸우고, 울 일이 아닌데 울었다. 그런 아이들을 보면 순간 화가 나서 "그것도 못하니? 이리 줘봐" 하며 내가 해버리거나 "빨리 해라" 하고 재촉하거나 "너 이리 와. 지난번에 알려줬는데, 엄마 말 제대로 안 듣지?" 하면서 함부로 대했다. 더 심각한 것은 '이렇게 해야 하고, 저렇게 하면 안 된다' 하는 틀을 고집하는 초보 엄마였다는 사실이다.

그런 내 모습이 보이기 시작하자 양육에 자신감이 떨어졌다. 아이의 행복을 책임지는 자리에 있는데 "행복하니?" 하고 물을 수 없었다. "아니" 하는 말을 들을 것 같아서.

고민을 했더니 해결하고 싶은 내 안의 욕구 두 가지를 알아차릴 수 있었다. 하나는 '걸핏하면 올라오는 내 마음속의 분노 다스리기', 또 하나는 '자기 일을 스스로 하는 아이로 키우기'였다. 두 가지 욕구를 해결하고 싶어 몇 달을 고민하다가 시작한 것이 '루루'였다.

이 책의 핵심 소재가 된 '루루'는 말하기 힘든 요구나 부탁, 부끄러운 행동이나 실수, 사과하고 싶은 마음이나 불편함을 개선해 달라고 요청할 일이 있을 때 마음을 글로 표현하는 가족 전용 공책이다. '루루'를 처음 시작하던 2002년 2월 4일, 그 순간이 아직도 생생하다. 엄마인 나의 다음과 같은 사과의 말로 시작되었다.

"그동안 너희에게 화내서 미안해. 화내고 나면 엄마도 종일 기분이 나쁘고 마음이 아팠어. 다음에는 안 그래야지 하고 반성도 많이 했어. 그런데 잘 안 되더라. 이러다가 우리 가족 모두 힘들어질 거 같아. 자꾸 화내는 나를 바꾸고 싶어 고민하다 좋은 방법을 찾았어. 화날 때마다 그 감정을 글로 써보려고 해. 여기에."

"자, 이건 효빈이 거. 이건 진제 거."

아이들은 공책을 받자마자 가슴에 꼭 끌어안았다. 마음을 풀어놓을 수 있는 공책을 좋아한다는 반응이었다.

"엄마의 기분이나 생각을 알고 싶으면 이 공책을 봐. 나는 너희 생각을 알고 싶을 때 이 공책을 볼 거야. 이제부터는 이 공책 안에서 마음을 나누자. 가족 모두 자기 생각이나 감정, 바람을 자유롭게 표현하자. 난 정말 좋은 엄마가 되고 싶어."

효빈이가 삐뚤빼뚤한 글씨로 첫 장에 그날 자기가 느낀 마음을 바로 적었다. 그런데 아이들에게 약속은 했지만 화내는 습관을 고치는 건 정말 힘들었다. 바쁘고 피곤해서 '루루'에 적는 것도 쉽지 않았다. 나는 한 달에 한두 개 정도 적으며 아이들의 반응을 세심히 관찰했다.

아이들이 적은 글은 몇 개 되지 않았고 짧았다. 하지만 나는 아이들의 글에서 크고 중요한 의미를 알게 되었다.

- 아이들의 세상은 어른이 아는 세상과 다르다.
- 아이들은 내가 보는 방향이 아닌 다른 방향으로 보고 있다.
- 아이들은 나와 다른 점이 많은 존재다.
- 아이들이 나보다 현명한 부분도 있다.
- 아이들은 내가 어리석다는 것을 알게 해준다.
- 아이들은 내 안의 틀을 깨트리게 해준다.

아이들에게 너무너무 부끄러웠다. 한없이 고마웠다. 하지만 생각과는 달리 습관으로 굳어진 행동을 하루아침에 고칠 수는 없었다. 나는

〈아이들과 함께한 '루루' 표지〉

조금씩 나아지는 나를 믿었다.

어느 날, '루루'의 효과를 온몸으로 느낀 순간이 있었다. 아들이 샤워하고 나서 정리를 하지 않은 것을 보았다. 순간 아이에게 화가 났다. 심호흡을 세 번 했다. '루루'에 그 상황과 그때 느낀 감정을 적었다. 반 페이지쯤 써 내려가자 머리까지 올라온 화가 훅 빠져나가는 것을 느꼈다. 신기한 체험이었다. 그때 깨달았다. 괜찮은 엄마가 될 수 있다는 확신이 들었다. 천천히 내 모든 양육방식, 생활태도들을 하나씩 고쳐 나갔다.

양육 전문가의 연수를 들으며 책을 사서 읽었다. 'U&I 학습 성격 유형', '비폭력 대화', 'I-Message', '인터넷 게임 중독' 등에 대한 특강도 들었다. 당시 나는 양육에 대한 전문성이 없던 터라 꼼꼼히 메모하고 아이들에게 적용했다. '코칭으로 발문하기', '문제 소유 가리기', '가족 세우기' 같은 연수에도 부지런히 다녔다.

내가 달라지는 것이 느껴졌다. 양육에 관한 다양한 공부는 천천히 나를 변화시켰다. 아이들이 하는 행동의 결과만 보지 않고 이유가 있을 거라 생각하기 시작했다. 아이를 다그치기 전에 들어주려고 노력했다. 아이들의 행동에 틀을 씌우지 않고 있는 그대로 보려고 노력했다. 잘못된 내 말과 행동은 솔직하게 인정하고 사과했다. 아이의 눈높이에 내 시선을 맞췄다. 화를 가장 많이 내는 사람이 나였고 화내지 않으려는 목표를 가진 사람이 나였기 때문에 '루루'에는 아이들이 쓴 글보다 내가 쓴 글이 훨씬 많다. 한 문장 쓰는 것을 힘들어하던 첫째 진제는 핵심만 언급하면서 짧고 진솔하게 썼다. 눈치 빠르고 감성이 풍부한 둘째 효빈이는 자기 감정을 많이 표현했다.

화날때 화를 가라앉히려고 쓰기 시작한 '루루'에는 다음과 같이 다양한 상황과 그로 인해 생기는 감정을 위주로 적었다.

- 아이의 행동을 고쳐주고 싶을 때

- 기본적인 생활예절을 잡아주고 싶을 때

- 화목하고 즐거운 시간을 보냈을 때

- 남매가 싸울 때

- 친구 때문에 힘들어 할 때

- 기특한 생각이나 감동적인 일이 생겼을 때

- 아이들이 나보다 생각이 깊어 보일 때

- 기타 등등

'루루'는 가족 누구든지 쓸 수 있고 보든 안 보든, 답이 있든 없든 상관하지 않기로 약속을 정했다. 답을 적으라는 것은 또다른 부담이 되리라 생각했다.

'루루'를 한 지 일 년 정도 지나자 예전에는 화가 나던 아이들의 행동에도 평상심을 유지할 수 있었다. 나는 '이래라 저래라' 하는 말을 할 필요가 없다는 것을 깨달았다. 작은 소리로 충분히 소통할 수 있었다. 내가 달라지니 아이들이 행복해했다. 마음의 벽을 허물고 나에게 안겼다. 그건 큰 사랑이고 믿음이었다. '루루'를 하면서 가장 많이 달라진 사람은 바로 나였다.

모죽은 씨를 뿌린 후 몇 년간 싹이 나지 않는다. 오 년이 지나면 싹이 나오는데 그 후부터는 일주일에 오 미터씩 자라기 시작해 삼십 미터까지 자란다. 아이들은 마치 모죽처럼 성장했다. 초등학교 때는 품 안에 있던 아이들이었는데 중·고등학생, 대학생, 대학원생으로 갈수록 모든 분야를 주도적으로 즐기는 아이들로 성장했다. 가장 큰 성과는 인생을 즐길 준비와 인성이 제대로 갖추어진 청년으로 자랐다는 사실이다.

'루루'는 시작한지 17년이 지난 지금도 계속되는 공책이다. 이 책에 소개한 내용은 초등학교와 중학교 때 적은 사례들 중 일부이다. 사례는 문장 완성도가 떨어진 것이 많다. 그 당시 썼던 표현을 그대로 실었기 때문이다.

이 책은 크게 4장으로 구성했다. 1장은 태교와 대가족으로 살면서 얻은 혜택을 소개했다. '루루'를 하기 전의 양육 사례다. 태교효과를 실제로 검증해 본 경험, 할아버지와 할머니로부터 받은 사랑과 지지가 아이들에게 얼마만큼 중요했는지 하는 내용들이다. 2장에서는 소통능력을 키우는 데 필요한 정서적인 부분을 다루었다. 아이들이 싸울 때 부모가 개입하지 않고 중재하며 서로의 억울함을 풀어주는 방법, 짬짬이하는 가족놀이로 창의성 키워주기 등이다. 3장에서는 아이들이 요구하는 섣부른 시도나 실수에서 배운 인성과 지혜를 소개했다. 마지막으로 4장은 도전과 체험으로 성장하는 모습을 담았다.

인간이 하고 있는 일 중 많은 부분을 인공지능이 하는 시대가 왔다. 2017년 맥킨지글로벌인스티튜트는 2030년까지 일자리 8억 개가 사라질 것이라고 했다. 2019년 5월 27일 조선일보에 경력 십 년차 직장인이 낮은 연봉 때문에 평균 네 번 이직했다는 기사가 실렸다. 이렇게 급변하는 사회를 미래학자들은 "한 번도 접하지 않았던 세상이 오고 있다"라고 말한다.

우리 아이들은 이렇듯 예측이 불가능한 미래를 살아가야 한다. 업무를 수행할 때 벽에 부딪히면 동료들의 도움을 받아야 하므로 배려하는 소통 기술을 갖추어야 한다. 주변 사람들과 소통할 때 어려움이 생기면 자신을 돌아보는 성찰 능력도 길러야 한다. 스스로 해결책을 찾아야 할 경우를 대비해서 복잡한 상황을 꿰뚫어보는 통찰력도 필요하다. 계획한 대로 일이 진행되지 않을 때는 실패를 소중한 경험으로 여겨 다시 일어서는 심리적 회복탄력성도 갖추어야 한다. 또한 문화, 예술, 스포츠도 즐길 줄 알아야 한다. 이 모든 능력을 키우는 밑거름인 경험의 장을 누가 마련해주어야 할까.

아이들은 각자 씨를 뿌리고 꽃을 피우고 열매를 수확하려고 우리에게 왔다. 부모는 땅을 고르고 거름 주는 정도만 해야 한다. 싹을 틔우는 것도, 꽃을 피우는 것도, 열매를 수확하는 것도 모두 아이들 몫이다. 그 과정에서 아이들이 요구하면 잘 살아온 어른들의 삶을 참고할 수 있도록 살짝 보여주기만 하면 된다. 아이들이 행복한 웃음으로 활발하게 살아가는 모습을 지켜보는 것, 그게 부모 행복이 아닐까?

오늘부터
아이의 말에 귀 기울이고
아이의 눈높이에 맞추고
아이에게 깊은 관심을 가져보지 않으시렵니까?

Chapter

I

유대감이야말로
최고의 자산

원하든
원하지 않든 간에
우리는
서로서로 연결되어 있다.

그래서
나 혼자만 따로
행복해지는 것은
생각할 수도 없다.

- 달라이 라마-

1.
아이와의 첫 만남,
교감하는 태교법

"임신 6주입니다. 축하합니다."

남편이 장남이라 첫 손주를 기다리고 계시던 시부모님은 정말 기뻐하셨다. 그때까지 나는 엄마가 된다는 생각을 해본 적이 없었다. 임신 소식은 특별한 마음가짐을 갖게 해주었다. 나는 어떻게 하면 좋은 엄마가 되는지, 태교란 무엇인지, 태교는 어떻게 해야 좋은지 궁금했다. 중학교 다닐 때부터 클래식 음악을 즐겨 들었기에 태교도 클래식 음악으로 하고 싶었다. 동료 음악선생님께 물었다.

"선생님, 클래식 음악이 태교에 효과가 있나요?"

"그럼요. 통계에서도 효과가 있다고 분명히 나와 있어요."

나는 음악선생님의 말을 듣고 내 생각을 실행하고 싶은 의지가 생겼다.

"음악으로 한 태교는 어떤 효과가 있죠?"

"뇌세포가 활성화되어 공부를 잘한다고 나와 있어요. 정서 안정에도 좋아요."

"어떤 음악이 가장 효과가 큽니까?"

"제가 들은 바로는 바이올린 곡이라더군요. 악기 중 가장 섬세한 음을 다루기 때문에 뇌세포를 가장 많이 자극한대요."

"그래요? 선생님, 바이올린 곡 좀 추천해주세요."

"세계 4대 바이올린 협주곡이 있어요. 적어드리죠."

음악선생님은 〈멘델스존 바이올린 협주곡 마단조〉, 〈브람스 바이올린 협주곡 라장조〉, 〈차이코프스키 바이올린 협주곡 라장조〉, 〈베토벤 바이올린 협주곡 라장조〉를 적어주셨다. 추천받은 음반을 모두 샀다.

나는 태아를 위해 정성을 다하는 엄마가 되고 싶었다. 설레는 마음으로 협주곡을 하나씩 듣기 시작했다. 섬세한 선율 하나하나를 온몸에 휘감는다는 느낌으로 들었다. 반복해서 들을수록 깊은 맛이 느껴졌다. 악장 전체를 입으로 따라 부를 수 있을 정도로 많이 들었다. 입덧하는 기간에도 빠뜨리지 않고 들었다. 태어날 아이가 지을 밝은 표정을 상상했다. '공부 잘하는 아이가 된다'고 해서 더 열심히 들었다.

아이가 태어났다. 생후 한 달도 되지 않은 어느 날 아이가 잠투정을 했다. 안아줘도 칭얼거림을 멈추지 않았다. 우는 아이를 달래다 태교 때 들던 바이올린 협주곡을 들려주었다. 신기하게도 칭얼거림이 멈췄다. 음악을 감상이라도 하듯 아이는 한참 미소를 머금더니 편안히 잠들었다.

나는 '진짜 음악 덕분일까?', '태교의 효과일까?' 하며 반신반의했다. 그다음부터 아이가 칭얼거릴 때마다 태교 때 듣던 곡을 번갈아가며 들려주었다. 아이는 항상 편안한 표정과 작은 미소로 나를 기쁘게 했다. 클래식 태교가 얼마나 좋은지 몸소 깨달은 시간이었다.

이를 뒷받침해주는 연구가 있다.

2013년 핀란드의 헬싱키대학교 연구팀은 임신 29주차인 산모 33인을 대상으로 뱃속 태아의 기억에 대해 실험했다. '타타타[tatata]'라는 의미 없이 임의로 만든 말을 기본 음으로 들려주고 모음을 살짝 바꾸거나 장단과 높낮이와 세기를 달리한 소리를 수백 번 들려주었다. 그런 다음 이 아기들이 태어난 지 5일째 되던 날 같은 소리를 들려주면서 뇌파를 검사했다. 신기하게도 아이들은 모음을 바꾼 것은 물론 장단과 고저를 변형시킨 소리까지 기억해냈다고 한다.

이 연구팀은 생후 5개월 된 아기들이 하루 전에 본 것도 생생하게 기억한다는 연구 결과도 발표했다. 생후 5개월 된 아기들에게 긍정적인 목소리, 중립적인 목소리, 부정적인 목소리로 말하는 사람의 모습을 보여주었다. 그리고 각 목소리와 짝을 지은 기하학 모양도 보여주었다. 다음 날, 같은 목소리와 기하학 모양을 보여준 후 시선이 머무는 시간을 측정했더니 아이들은 전날 본 기하학 모양을 정확히 기억해냈다고 한다. 아울러 아이들의 시선이 긴 시간 머문 사람은 긍정적인 목소리를 가진 사람이었다고 한다. 생후 5개월 된 아기들도 긍정적인 목소리를 좋아한다는 결과이다.

임산부라면 누구나 정서가 안정되고 건강하고 똑똑한 아이를 바란다. 그런 아이를 낳기 위해서는 태아에게 다정한 목소리로 말을 해주고 음악을 듣거나 그림을 보면서 태교에 정성을 다해야 한다.

시부모님의 말씀이 생각난다.

"임신 중에는 좋은 것만 먹고, 좋은 것만 보고, 좋은 생각만 해라."

태교 방식은 사람마다 다를 수 있다. 가요, 그림, 독서, 원예 등 임산부가 태아와 함께 교감할 수만 있다면 어떤 분야든 효과가 있다.

2.
생후 2년까지는
감각기관을 자극하며 놀아주자

겨우 기어 다니다 한번씩 웃어주면 내 고단한 하루를 잊게 해주던 아이. 어떻게 하면 아이가 또 웃을까, 어떤 놀이를 할까 생각하다 집안에 있는 물건 이름 맞추는 놀이를 생각했다. 종이와 매직과 크레파스를 준비했다. 종이에 매직으로 집안의 물건을 단순하게 그리고 이름을 적어서 카드를 만들었다. 크레파스로 연하게 색칠도 했다. 손 코팅지를 사서 코팅하고 가위로 오렸다.

장롱, 냉장고, 전등, 시계, 식탁, 욕실, 현관, 방문, 싱크대, 베란다…….

집안 곳곳에 카드를 붙였다. 식탁 위 전등에는 카드를 양면으로 만들어 실로 매달아 흔들리게 하였다. 카드 붙이는 작업이 끝나자 아이를 안고 집안 여기저기 돌아다니며 카드를 읽어주었다. 그리고 아이의 손으로 그 단어를 만지게 했다. 아이가 카드를 보는 순간 물건 이류을 두 번씩 말해주었다. 안방에서 거실로 장소를 옮길 때는 "자, 이제 거실로 가보자" 하고 말해주었다. 매일 아이와 이러고 노는데 내가 더 신났다. 아이의 반응에 시간 가는 줄 몰랐다. 2주 정도 지나자 아이가 어느 정도 기억하는지 알고 싶었다. 나는 집안의 방문을 다 열어두고 거실 한가운데에 아이를 안고 섰다. "장롱 어디 있지?" 하자 아이가 안방의 '장롱' 쪽으로 눈을 돌렸다. "현관은 어디야?" 하자 아이는 '현관'을 바라보았다. 식탁, 시계, 전등 같은 단어를 듣고도 정확하게 그 방향으로 고개를 돌렸다. 태어난 지 얼마 되지 않았는데 집안의 물건을 익힌 것이다.

아이가 6개월쯤 되었을 때는 먹음직한 과일 사진이 실린 그림판을 샀다. 전지 크기의 그림판에 과일 열두 개가 나열되어 있었다. 나는 과일을 하나하나 오렸다. 바나나와 수박과 배는 베란다 유리에, 딸기와 포도와 귤은 현관문에, 키위와 사과와 토마토는 냉장고에, 감과 밤과 대추는 거실장에 붙였다. 붙인 위치는 기어 다니는 아이의 아이의 눈높이였다.

그림판을 통째로 붙이지 않은 이유가 있었다. 조금이라도 운동을 시키고 싶었고, 또 아이의 기억력을 알아보고 싶었다. 아이는 실물보다 더 생생한 과일 사진을 보느라 온 집안을 기어 다녔다. 과일 사진을 손으로 만지며 읽는 시늉도 했다. 나는 아이가 만지는 과일의 이름을 바로 곁에서 읽어주었다. 아이는 그게 재미있는지 요리조리 손을 옮겨가며 내게 읽게 하더니 나를 바라보고 웃곤 했다. 열흘쯤 지나 아이를 거실 한가운데에 앉혔다.

"바나나 어디 있어? 가보자."

"딸기는 어디 있어?"

"감은 어느 쪽에 있어?"

아이는 엉금엉금 기어가서 정확하게 짚었다.

그즈음 만든 것이 하나 더 있다. 달력에서 큰 숫자를 0부터 12까지 오린 다음, 숫자 아래에 한글로 적었다. 영, 일, 이, 삼, 사…… 그 아래에는 하나, 둘, 셋, 넷…… 적어서 코팅을 했다. 그렇게 만든 숫자 카드를 아이의 앉은키 높이에 맞춰 부엌 냉장고 옆면에 붙였다.

다음 날 이른 아침, 부엌에서 식사 준비를 하고 있었다. 그 때 할머니 곁에서 자고 일어난 진제가 부엌으로 기어오다가 숫자카드 앞에서 멈췄다. 나는 진제 손을 잡고 영, 일, 이…… 위치를 누르며 숫자를 읽어주었다. 그날 이후 진제는 매일 아침은 물론이고 낮에도 숫자카드 앞에서 놀면서 숫자를 만지곤 했다. 2주가 흘렀다. 숫자카드 앞에 앉은 진제 뒤에서 "삼" 하고 부르니 진제가 검지로 '3'을 짚었다. "구" 하니 '9'를 짚었다. 정말 놀라웠다. 한 번도 틀리지 않았다. '엄마, 맘마'라는 말만 하는 시기에도 듣고 기억하는 능력이 발달하고 있었다.

클래식 음악 태교, 집안 물건 이름 읽어주기, 과일 그림판, 낱말 카드로 놀이한 효과를 본 것일까, 아이들은 또래에 비해 한글을 읽는 시기가 매우 빨랐다. 자기 전에 동화책을 엄마 목소리로 읽어주는 것이 상상력을 키우거나 정서 안정에 큰 효과가 있다고 하여 동화책을 읽어주려고 하면 아이가 스스로 읽어버려서 아쉬운 점도 있었다. 모든 일에는 장단점이 다 있기 마련인 모양이다.

3.
조부모의 사랑은
아이의 정서를 안정시킨다

우리나라는 경제개발로 급격한 도시화와 현대화가 진행되면서 가족시스템이 대가족에서 핵가족으로 바뀌었다. 많은 가정이 조부모와 함께 살 수 없는 상황이 되면서 조부모로부터 받을 수 있는 혜택을 놓치고 있다. 여기서 눈여겨 볼 것이 있다. 평범한 아이들이 성장해서 시대를 이끌어가는 리더가 된 데까지는 조부모의 영향이 컸다는 사례가 상당히 많다는 것이다.

2016년에 방영된 〈명문가의 자녀교육〉을 보면, 빌 게이츠에게 어린 시절 가장 큰 영향을 준 사람은 많은 시간을 함께한 외할머니였다. 자선사업으로 바쁜 어머니 대신 외할머니는 책을 구해 빌 게이츠를 독서광으로 만들었고, 그에게 다양한 게임과 카드놀이를 가르쳤으며, 그와 항상 많은 대화를 나누었다.

2대에 걸쳐 여섯 개의 노벨상을 수상한 피에르 퀴리 가문도 조부모가 긍정적인 영향을 끼쳤다. 퀴리 부부의 외손녀이자 핵물리학자인 엘렌느 랑쥬방 졸리오도 자기 경험을 예로 들면서 직장 일과 집안일에 바쁜 부모를 대신하여 조부모와 함께하는 시간은 어린아이들에게 정말 중요하다고 언급했다.

윗집에 진제보다 한 살 많은 남자아이가 살았다. 어느 날 차 한 잔 하러 오라는 초대를 받았다. 그 집에는 아이를 위해 갖추어놓은 놀이방에 비싼 교구가 꽉 차 있었다. 교구 회사 소속 방문교사가 주 1회 들러 글을 가르치고 창의성 교육도 해준다고 했다. 우리 집에는 놀이방도 없고 방문교사도 오지 않았다. 우리 아이들에게 사준 것이라곤 낱말카드와 과일 그림판, 글자 퍼즐, 동화책 몇 권이 전부였다. 하지만 우리 아이들만의 혜택이 있었다. 늘 함께 지내는 할아버지와 할머니였다.

할머니는 신생아 때부터 아이들의 말과 행동에 민감하게 반응해주셨다. 아침에 눈을 뜨면 "일어났구나. 잘 잤어?" 하고 반갑게 인사를 건네주시고, 칭얼거리면 "배가 고프구나. 조금만 기다려. 우유 타 올게" 하시거나 "기저귀 갈 때가 되었구나. 어디 보자. 쭈쭈. 쭈쭈. 그래 그래. 잘한다" 하셨다. 목을 가누는 시기에는 아이의 두 발을 왼손바닥에 올리고, 오른손은 아이 겨드랑이에 넣어 지탱한 후 "둥개둥개" 하며 얼러주셨다. 그러면 아이는 "까르르 까르르" 하며 재미있어 했다.

태어나서 몇 년 동안은 정서 형성에 매우 중요한 시기이다. 이 시기에 사람들과 따뜻하고 민감한 접촉을 한 아이들은 애착관계가 형성되어 살면서 언제 경계하고 언제 안정을 느껴야 할지 잘 구분할 수 있다. 그 시기에 제대로 된 보살핌을 받지 못한 아이들이 어떤 행동을 나타내는지는 셸리 테일러가 쓴 《보살핌》 중 루마니아의 '요람' 사례에서 잘 알 수 있다.

1990년 루마니아 공산체제가 무너지던 당시의 일이다. 독재자 차우셰스쿠가 내놓은 자녀 할당제, 금욕세, 이혼 금지령 같은 정책들은 아이들을 부랑자로 전락시키고 국민을 가난으로 내몰았다. 경제적으로 어려워지자 많은 부모들이 '요람'이라는 대형 고아원 앞에 자녀를 버리기 시작했다. 고아원에서 살게 된 수백 명의 고아들은 제대로 된 보살핌을 받지 못했다. 아이들 수에 비해 그들을 돌봐 줄 직원이 지나치게 적었기 때문이었다.

1990년 12월, 22년간 유지된 차우셰스쿠 정권이 반정부 운동으로 무너졌다. 고아원의 문이 열리고 세상은 아이들을 보게 되었다. 아이들은 머리를 벽에 쿵쿵 박거나, 이상하게 얼굴을 찡그리고 있었다. 그들은 사람들과 어울리는 기쁨이나 즐거움을 느끼지 못했고 모든 관계에 무관심할 뿐이었다. 감정을 느끼거나 자신을 인식하는 방법도 몰랐다. 그들은 뇌에 문제가 없었음에도 마치 전두엽이 없는 사람과 비슷한 행동을 했다. 어린 시절에 형성되는 애착 유대관계에 필요한 따뜻한 보살핌을 경험하지 못한 결과였다.

2015년 아이의 성장발달에 도움을 주는 여러 가지 놀이를 〈EBS 육아학교〉에서 방영했다. 아동발달 단계상 0~2세까지는 감각운동기이다. 세상을 받아들일 때 보고 듣고 맛보고 느끼는 감각기관과 만지고 굴리는 운동기관을 활용하기 때문이다. 따라서 인지발달이 시작되는 이 시기에는 언어기관과 감각기관 자극이 필수이다. 우리 아이들은 이 시기에 할머니의 도움을 정말 많이 받았다.

돌이 갓 지날 무렵에는 120장으로 만들어진 낱말카드를 샀다. 할머니는 아이에게 뒷면의 그림과 앞면의 글자를 차례차례 보여주며 같이 놀아주셨다. 할아버지는 곁에서 추임새를 넣으며 박수를 쳐주셨다. 할머니와 할아버지의 하루는 온전히 손주와 함께였다.

진제가 두 돌이 되기 몇 달 전이었다. 그 무렵 컴퓨터 게임으로 '핵사'가 출시되었다. 간단해서 누구나 쉽게 할 수 있는 게임이었다. 할머니께 낮 시간에 해보시라고 방법을 알려드렸다. 컴퓨터를 강제로 끄면 고장날 수 있다기에 DOS라고 입력한 후 켜고, PARKING이라고 입력한 후 엔터를 치고 끄도록 당부드렸다. 그런데 어느 날 진제가 혼자 게임을 하고 마무리까지 하는 모습을 보게 되었다. 자판에 있는 알파벳을 하나하나 물어보니 모두 읽는게 아닌가. 놀라웠다. 할머니와 함께 게임하며 알파벳도 익혔음을 알 수 있었다.

진제가 23개월이 되었을 때 효빈이가 태어났다. 효빈이는 태어난 지 열흘 만에 고열로 입원했다. 의사는 패혈증 진단을 내렸다. 치료하다가 죽을 수도 있으며, 살아나도 지능이 삼십 퍼센트 이상 떨어질 수 있다기에 겁이 덜컥 났다. 하늘이 무너지는 순간이었다. 나는 엄마로서 할 수 있는 일은 다하겠다고 다짐했다. 병원에서 자고 새벽에 학교로 출근했다가 오후에는 병원으로 퇴근했다. 일주일, 이주일, 한 달……. 조금씩 호전된다는 소식에 힘든 줄도 몰랐다.

할머니는 이른 아침에 병원에 오셔서 내가 퇴근할 때까지 효빈이를 돌봐주셨다. 간호사는 약 투여하는 동안에는 우유를 정량만 먹이라고 했다. 효빈이가 자꾸 칭얼거리자 할머니는 정량보다 더 먹였다. 간호사가 안 된다고 하자 할머니는 "아기가 배가 고파 우는데 굶기라고? 나는 그렇게 못한다. 배불리 먹여야지" 하면서 계속 정량보다 더 먹였다. 우유를 더 먹은 효빈이는 칭얼거리지 않았다. 내가 있었다면 간호사의 말을 따랐을 것이고 효빈이는 칭얼거리면서 더 스트레스를 받아 회복이 늦어졌을지도 모른다. 효빈이가 칭얼거리는 의미를 정확하게 알아차린 할머니의 고집스러울 정도로 애정 어린 마음이 나는 무척 고마웠다.

"우는 아이 젖 준다"는 말처럼 효빈이가 입원해 있는 동안 나는 진제에게 소홀했다. 할머니가 병원에 가신 낮 시간에 진제를 돌봐주신 분은 할아버지였다. 할아버지는 좋아하는 낚시도, 즐겨하시는 등산도 못하시고 종일 진제와 함께해주셨다. 가족 중 누군가 아프면 일상은 뒤죽박죽이 된다. 우리 집도 마찬가지였다. 그때 나는 소소한 일상이 얼마나 감사한 일인지 깊이 깨달았다. 입원한 지 오십여 일이 지나자 효빈이는 감사하게도 아무런 후유증 없이 건강한 모습으로 우리 품에 안겼다. 이틀이 멀다 하고 이마, 손목, 발등으로 위치를 바꿔가며 주삿바늘을 꽂았는데도 잘 참아낸 효빈이가 대견했다.

대가족으로 살면서 불편하고 힘들기도 했지만 좋은 점도 많았다. 우리 부부가 출근하면 할아버지, 할머니가 아이들을 돌봐주셨다. 첫 손주들에게 두 분이 베푸는 사랑은 말로 헤아릴 수 없을 정도로 대단했다. 그 덕에 나도 직장생활에 충실할 수 있었다.

할머니와 할아버지는 봄이 되면 손주들을 데리고 집 앞 공원으로 데리고 나가 봄꽃을 보게 해주시고, 넓은 공간에서 이리저리 뛰어놀 수 있도록 해주셨다. 핫도그 파는 집 앞을 지날 때는 따끈한 핫도그를 손에 들려주셨고, 지나가는 버스의 번호도 가르쳐주셨다. 할아버지, 할머니와 같이 산 진제와 효빈이는 동네 어르신들에게 인사 잘하는 아이들이라고 칭찬을 많이 받았다.

권오정 씨는 「노인과 유아 간 연계프로그램이 유아의 인성 발달에 미치는 효과성 연구」라는 논문에서 조부모가 다음과 같은 긍정적인 효과를 준다고 하였다.

> 첫째, 조부모는 유아의 인성 발달에 도움을 줄 수 있는 여유와 역량
> 을 지니고 있다.
> 둘째, 조부모는 양육의 참여자, 유아의 후원자 역할을 할 수 있고, 부
> 모 부재 시 양육과 부모 역할을 직접 수행할 수 있다.
> 셋째, 삶의 지혜, 생활시간의 여유, 다듬어진 품성과 관용을 베풀 수
> 있다.

할아버지와 할머니는 우리 부부, 아니 우리 가족이 언제든 기댈 수 있는 넉넉한 품이었다. 언제나 책을 가까이에 두고 읽으시던 할아버지, 어떤 경우든 긍정적인 표현으로 나를 딸처럼 대해주신 할머니의 넉넉함이 좋았다. 지금은 두 분 모두 돌아가셨지만 함께 살면서 불편함을 느끼기보다 도움을 더 많이 받았기에 늘 감사드린다.

4.
놀이도 아이들에게는
교육이 된다

아이들이 세 살과 네 살일 때, 퇴직한 할아버지는 종일 집에 계셨다. 할아버지의 하루 일과는 혼자 장기를 두시거나 텔레비전, 신문을 보시거나 가끔 낚시를 가는 것이었다. 할아버지는 한자를 배운 세대였고 평소에도 한자를 쓰시곤 했다. 나는 퇴근하면서 천자문과 스케치북, 유성 매직을 샀다.

"아버님, 천자문 교재를 사왔습니다. 아이들에게 천자문 좀 가르쳐주세요."

"그럴까. 알겠다."

다음 날부터 할아버지는 거실 소파에서 손녀는 오른쪽에, 손자는 왼쪽에 앉힌 후 천자문을 펴셨다.

"자, 따라 읽어. 하늘 천."

"하늘 천."

"따 지."

"따 지."

할아버지는 한 자, 한 자 짚어가며 읽기부터 가르치셨다. 그건 공부가 아니라 할아버지와 손주가 함께하는 놀이였다. 진제는 한글을 알고 있었고, 효빈이는 아직 한글을 익히기 전이었다. 할아버지 옆에서 아이들은 신나는 놀이를 하는 듯했다. 며칠째 천자문 읽기를 하시더니 할아버지가 아이들에게 이렇게 말씀하셨다.

"자, 지금부터 천자문 읽기 시험을 친다. 내가 쓰는 한자를 잘 보고 아는 사람은 손을 들고 읽어야 한다."

"네."

"天地 아는 사람?"

"저요, 천지."

효빈이었다.

"宇宙 이건?"

"저요, 우주."

또 효빈이었다.

세 살 된 효빈이는 진제보다 한자를 빨리, 많이 익힌 것 같았다. 한글을 알고 있던 진제는 할아버지가 한자를 짚을 때 한글을 보고 읽었고, 한글을 못 익힌 효빈이는 한자를 바로 익혔던 것이다. 그 후로도 천자문 놀이는 계속되었다.

할아버지와 교감한 또 하나의 사례는 장기였다. 집에서 혼자 장기를 두시는 할아버지를 보면서 번개처럼 한 가지 아이디어가 떠올랐다.

'장기교실.'

할아버지는 심심하지 않아서 좋고 아이는 장기를 배울 수 있다는 생각이 들었다. 그래서 할아버지께 부탁드렸다.

"아버님, 진제에게 장기 좀 가르쳐주세요."

"장기는 한자를 알아야 하는데 아직은 너무 어려."

"한자를 잘 몰라도 천천히 가르쳐주시면 되죠."

"그래, 알았다."

그날 저녁 할아버지는 진제를 부르셨다. 당시 다섯 살이던 진제는 그날부터 장기를 배웠다.

"자, 지금부터 잘 들어라. 장기를 놓기 전에 먼저 규칙을 말해주마."

"예."

"장기는 한쪽에 왕(王)과 차(車) 2개, 포(包) 2개, 마(馬) 2개, 상(象) 2개, 사(士) 2개, 병(兵) 또는 졸(卒) 5개를 미리 요렇게 놓고 대결을 한다. 잘 보아라."

"예. 할아버지."

"왕(王)은 요 안에서만 왔다 갔다 할 수 있다. 상대방에게 먹히면 지는 거다. 졸(卒)과 병(兵)은 상대방을 향해 앞으로 또는 옆으로 한 칸씩만 갈 수 있고 뒤로 물러설 수가 없다. 마(馬)는 한 칸 직진

〈할아버지와 진제가 장기 두는 모습〉

후 대각선으로 전진해야 한다. 상[象]은……."

할아버지의 설명은 계속되었다. 진제는 두 시간이 지나도 할아버지 앞에서 꼼짝 않고 설명을 듣고 있었다. 장기 알에 쓰인 한자도 알아야 하고 어려운 규칙을 외워야 하니 쉽지 않아 보였다. 너무 어린가 하는 생각이 들기도 했다. 힘들면 "못 배우겠어요" 하고 나오겠지 싶었다. 긴 시간 설명해주시는 할아버지도, 그것을 듣고 있는 진제도 대단하다 싶었다.

세 시간쯤 지나자 장기 두는 소리가 났다.

"딱. 딱."

"그리 아니고 요리 와야지."

"아, 맞다."

"자, 다음에는 어느 것을 보낼까 보자. 흠……."

장기 교실은 계속되었다. 진제는 할아버지 방에서 나올 생각을 안 했다. 그날 이후 진제는 하루 두 시간 이상 장기를 배웠다. 한자도 익혔다. 두 달 정도 지나자 할아버지와 맞대결하기 시작했다. 할아버지의 배려로 진제의 이기는 횟수가 늘어났다. 하지만 몇 달 지나자 봐주지 않아도 진제가 이겼다. 그러더니 아빠한테 장기 대결을 요청했다. 아빠는 진제의 실력을 테스트해보자면서 응해주었다. 진제는 아빠를 이기려고 무척 애를 썼다. 아빠는 할아버지와는 다른 전략을 가르쳐주었다.

몇 달이 지나 진제가 아빠에게 다시 도전했다. 한 게임을 5판 3선승제로 정했다. 진제는 연달아 두 게임을 졌다. 아빠가 "좀 더 배워 오너라" 하자 눈물을 흘리면서 한 번 더 하자고 요청했다. 나는 울면서 장기를 두는 진제를 보면서 승부욕이 지나치다 싶어 걱정스러웠다. 진제는 승부욕이 강한 아이였다. 그건 자신도 조절할 수 있는 것이 아니었던 모양이다. 그날 눈치채지 않게 져준 아빠의 배려로 진제는 장기판을 정리할 수 있었다.

그로부터 2년쯤 지난 어느 날, 진제와 효빈이를 데리고 찜질방에 갔다. 가운을 입고 함께 누웠는데 진제가 보이지 않았다. 진제를 찾으려고 찜질방 여기저기를 돌아다녔다. 그러다 넓은 거실 가운데 놓인 탁자 근처에서 진제를 발견했다. 진제는 이십 대 청년 대여섯 명과 같이 장기를 두고 있었다. 나는 자초지종을 물었다.

장기판 옆에 서 있던 진제에게 청년들이 "너 장기 둘 줄 아냐?" 하고 물었단다. 진제가 "네" 하고 대답하자 청년들이 "한판 둬볼래?" 하고 물었고, 진제가 "네" 하고 대답해 대결이 시작된 모양이었다. 초등학교 1학년인 꼬마가 장기 두는 것을 본 청년들은 신기하다는 듯이 "이 꼬마 실력이 대단하네. 야, 야, 네가 이 꼬마한테 졌다. 허허허, 고놈 참" 했다. "꼬마야, 너 장기 어디서 배웠냐?"고 물었다. 삼촌뻘 되는 이들과 대결하여 이긴 진제의 얼굴에는 자신감이 넘쳤다. 할아버지에게 배우기 시작한 장기 실력이 진제와 함께 성장하고 있었다.

전에는 혼자 보내는 시간이 많았던 할아버지는 천자문과 장기로 손주들과 노년을 즐기셨다. 할아버지와 함께한 천자문 놀이는 효빈이가 초등학교 때 '한자검정능력시험'에 도전하는 발판이 되었다. 친척 어른들이 모인 자리에서 장기판이 펼쳐지면 진제가 대결에 당당히 임했다. 이처럼 할아버지에게 배운 천자문과 장기는 이후에도 아이들의 삶에 깊숙이 녹아 있게 되었다.

Chapter

정서가 안정된
아이로 키우는 법

우리는
아주 사소한 문제로도
툭하면 상대와 다툽니다.

나중에 지나고 보면
그만한 일로 왜 그랬나 싶지만
당시에는
아주 사소한 그 문제에
목숨이라도 걸 수 있을 정도입니다.

왜 그런 것일까요?
우리 모두 순간적으로 바보가 되는 것일까요?

문제는
상대와 다르게 생각하는 자신의 '견해'를
'나'라고 생각하기 때문입니다.

그래서 우리는
짬뽕과 짜장면 중 어느 쪽이 맛있는가 하는
아주 사소한 의견 충돌에
자신의 전 존재를 걸 수 있는 것입니다.

당신이 만일

당신의 견해를
당신의 감정을
당신의 마음을
바라보기만 할 수 있다면

당신은
사소한 문제뿐만 아니라
세상의 그 어떤 큰 문제로부터도

자유로울 수 있습니다.

-《지친 물고기 내 안에 쉬어 가라》중에서-

1.
사물을 의인화한 대화는
관계지향적인 아이를 만든다

우리 가족은 시부모님, 남편과 시동생, 두 아이가 함께 사는 대가족이었다. 현관에 놓인 신발은 항상 열 켤레가 넘었다. 퇴근해서 현관에 들어서면 종일 할아버지, 할머니와 놀던 진제와 효빈이가 후다닥 뛰어나와 품에 안겼다. 포옹이 끝나면 나는 간단히 신발을 정리하고 집으로 들어갔다.

사소한 집안일은 퇴근 즉시 했다. 신발 정리도 그중 하나였다. 내가 신발을 정리하면 어린 효빈이도 같이 정리하곤 했다. 좌우를 반대로 놓는 것을 보면 귀여워서 나도 모르게 웃었다. 효빈이는 오른쪽, 왼쪽 신발을 정확하게 맞추는 것을 어려워했다.

어느 날 현관문을 열고 들어서는데 모든 신발이 짝을 지어 가지런히 놓여 있는 게 아닌가? 품에 안기는 효빈이에게 물었다.

"누가 이렇게 했어?"

"엄마, 내가 했어."

"우와, 우리 효빈이 최고! 일층에서 엘리베이터를 기다리는데 신발이 웃는 소리가 들렸어. 어느 집 신발이 웃고 있나 했는데 우리 집 신발이었네. 네가 신발을 웃게 한 거야."

"진짜? 신발 웃는 소리가 들렸어?"

"응. 엄마한테는 들렸어. 크게."

효빈이와 나는 마주 보며 활짝 웃었다.

그날 이후 퇴근하는 나에게 효빈이가 매일 물었다.

"엄마, 신발 웃는 소리 들었어?"

"응. 오늘도 일층에서 크게 들렸어."

효빈이는 "신발 웃는 소리가 들린다"는 엄마의 말이 좋았던 모양이다. 날마다 신발을 정리하는 걸 보고 짐작할 수 있었다.

그즈음, 어른들과 함께 외식하려고 근처 식당에 갔다. 이층으로 안내받아 올라가니 신발을 벗고 들어가야 했다. 신발장이 있는데도 손님들이 벗어놓은 신발이 어지러이 흩어져 있었다. 나는 우리 가족의 신발을 챙겨서 신발장에 넣은 후 안으로 들어갔다. 자리에 앉으려고 하는데 효빈이가 보이지 않았다.

'애가 어디 있지? 아직 안 들어왔나? 화장실 갔나?' 하고 아이를 찾으러 가다 보니 입구에 쪼그리고 앉은 효빈이가 보였다. 효빈이는 스무 켤레도 더 되는 신발짝을 찾아 정리하고 있었다.

"효빈이, 여기 있었네."

"엄마, 신발이 울고 있는 거야. 그래서……."

다시 주섬주섬 신발을 챙기는 효빈이. 그 모습이 귀여워 나도 함께 남은 신발을 정리했다. 효빈이는 입구에 놓여 있던 그 많은 신발을 가지런히 정리한 후 일어서더니 바로 물었다.

"엄마, 신발 웃는 소리가 들리지?"

"응. 너도 들려?"

"응."

우리 둘은 마주 보고 크게 웃었다.

또 다른 일화도 있다.

효빈이의 세 번째 생일이 다가오는 십일월 어느 날 저녁이었다. 나는 집 앞 슈퍼마켓에 가기 위해 효빈이의 손을 잡고 나갔다. 외투를 입어도 꽤 쌀쌀했다. 하늘에는 보름달이 떠 있었다. 효빈이가 달을 보더니 "엄마, 저 달 춥겠다"라고 했다. 나는 "그래, 춥겠다" 하고 맞장구를 쳤다.

돌아오는 길에 하늘을 본 효빈이가 다시 물었다.

"엄마, 달은 추운데 왜 집에 들어가지 않고 계속 저기 있어?"

"효빈이 밤길 어두울까 봐 비춰주고 집에 들어가려나 보다."

"난 엄마 손잡고 가면 되는데……. 달아, 고마워. 춥다. 빨리 집으로 가."

효빈이는 '신발이 운다' 하는 표현에 바로 반응했다. 그러더니 우는 신발을 웃게 하려고 날마다 신발을 정리했다. 또 '달이 춥겠다', '얼른 집으로 들어가라' 하며 달을 걱정하기도 했다. 그 즈음 효빈이는 사물의 감정이나 감각을 느끼듯이 표현하는 것을 즐겨 했다. 나도 효빈이 눈높이에 맞춰 그런 대화를 놀이 삼아 했다. 그래서일까? 효빈이는 학창시절 친구들이 고민을 털어놓는 대상이었고, 그들로부터 '네 위로에서 진심이 느껴져 힘이 난다' 하는 말을 들었다.

미국의 사회심리학자 리처드 니스벳은 《생각의 지도》에서 타인의 감정 예측 능력의 중요성을 강조했다. "네가 밥을 안 먹으면 고생한 농부 아저씨가 얼마나 슬프겠니?", "인형을 그렇게 던져버리다니. 인형이 울고 있잖아!", "담장이 아야 하고 아프다잖아!"와 같이 사물의 '감정'을 자녀와 대화할 때 활용하면 다른 사람의 감정을 예측하는 능력이 높아져서 원만한 대인관계 형성에 큰 도움이 된다고 했다.

요즘도 효빈이와 나는 외출에서 돌아올 때 신발을 벗으면서 집안 물건들에게 인사를 건넨다.

"애들아, 잘 있었니?"

2.
엄마와 아이가 기분 상하지 않고
행동을 개선하는 방법

'루루' 2002. 06. 28.

바쁜 아빠!!

그래서 우리끼리 OO골에 갔다. 주위에는 부부, 연인, 가족과 식사하는 많은 사람이 있었다. 아빠는 못 오셔서 우리 테이블은 세 명이었다. 3인분을 주문하고 엄마는 고기를 열심히 구웠다. 그집 불고기를 유난히 좋아하는 진제가 참 맛있게 먹더라. 책만 보면서……

엄마는 참 심심했어. 말도 없는 진제에게 '고기 구워주려고 따라 나간 사람(?)밖에 안 되는구나' 하는 생각이 들었어. 엄마도 배가 매우 고팠고, 좋아하는 갈비였는데 한 점도 못 먹었지. 다시마하고 지짐, 샐러드 같은 것만 먹었어. 진제가 "엄마도 좀 드세요" 하거나 "제가 쌈 싸드릴게요" 같은 말을 해주기를 기다렸지만 듣지 못했어. 그래서 무척 섭섭했어.

'루루' 2002. 07. 05.

엄마!

참 죄송합니다. 그날 저는 엄마의 기분을 전혀 이해하지 못했습니다. 엄마가 쓴 편지를 읽고 매우 섭섭하셨겠다고 느꼈습니다. 다음부터는 "엄마도 좀 드세요" 하면서 오순도순 같이 먹겠습니다.

'루루'에 글을 써놓고 답을 달든 안 달든 부담을 주지 않기로 애초에 약속했었다. 나하고는 다른 진제의 성격을 이해할 수 있었다. 초등학교 4학년이던 진제가 주변 사람에게 관심을 갖지 않는 아이라는 사실을 알게 된 날이었다. 그런데 그날 '루루'에 답글을 단 이후 진제의 행동이 완전히 달라졌다. 음식점에 가면 항상 "엄마도 좀 드세요" 하거나 먹는 속도를 조절하기도 했다. 심지어 쌈을 싸서 엄마, 아빠 입에 넣어주기도 했다.

'잘못되었다'라는 생각은 오랫동안 사회생활을 하면서 터득하는 개념이다. 경험이 부족한 아이들에게 어른 식의 개념을 지니지 않았다고 꾸짖을 수는 없다. 구체적인 요구와 원만한 소통이 가능한 '루루'. 이것은 타인의 성향이나 생각의 차이를 알 수 있게 하고, 아이의 행동을 바르게 개선할 수 있는 최고의 방식이었다.

만약 그 자리에서 "넌 어째 혼자만 먹니?", "너만 배고프냐?", "엄마 좀 드셔요, 하는 말도 안 하냐?" 하며 핀잔을 줬다고 가정해보았다. 주변 사람을 잘 안 챙기는 성향인 진제는 엄마가 왜 그렇게 말하는지 의아해할 수도 있었을 것이다. 또는 각자 알아서 먹으면 되지 가족을 안 챙기는 것이 그렇게 혼낼 일인가 하고 반문했을 수도 있다. 그런 핀잔을 듣게 되면 제대로 소화를 못 시켜 탈이 날 수도 있다. 마음의 문을 닫아 관계가 나빠질 수도 있다. 식사 시간 내내 불편한 채로 밥을 먹게 될 것이며, 가족 식사는 좋지 않은 기억으로 남을 것이다. 다음에는 외식을 하지 않으려고 할 수도 있다.

그날은 아이의 생각을 내 기준으로 짐작하고 판단하면 안 된다는 중요한 사실을 알게 된 날이었다. '루루'를 하기 전에 자식 교육 한답시고 지시, 훈계, 비난, 큰소리, 거친 행동을 해온 내 자신이 부끄러웠다. 평소 다른 사람을 잘 챙기는 효빈이는 그날도 나를 챙겨주었다. 그날 나는 '루루'에 이렇게 적었다.

'루루' 2002. 06. 28.

바쁜 아빠 덕분에 우리끼리 ○○골에 갔었어. 고기 3인분을 굽는 동안 엄마는 다시마와 샐러드와 지짐을 먹으며, 맛있게 먹고 있는 너희 둘을 보았어. 책을 보며 열심히 오물거리는 고 예쁜 입.

하지만 나도 배가 고팠고, 맛있는 갈비가 먹고 싶었어.

근데 잠시 후에 네가 엄마 앞에 고기 한 점을 갖다주면서 "엄마도 드세요" 하는 말을 하더구나. 그 순간 엄마는 너무 고마워서 널 꼭 껴안아주고 싶었단다. '효빈이 잘 키웠군' 하는 생각이 들더라. 어디 가더라도 주위 어른들부터 챙기는 사려 깊은 아이가 되렴. 넌 언제나 그랬지. 사랑해.

오랜 시간이 지나 대학을 다니던 효빈이가 '루루'를 펼쳐서 위 글을 보더니 말했다.

"엄마, 나는 그때 아무 생각 없이 한 행동이었는데 엄마가 쓴 글을 보고 엄청난 강화를 받았어."

"그래? 네가 답글을 안 적어서 그냥 그런가 보다 했는데."

"아니야. 그 후 그런 행동을 더 많이 하게 되었어."

"아, 그랬어?"

"응. 엄마는 내가 잘못했을 때 꾸지람과 벌을 주지 않고 글로 상황을 알려주었잖아. 나는 그 글을 보고 무엇을 잘못했는지 생각했어. 다음에는 같은 잘못을 하지 않으려고 스스로 다짐했어. 이 방식은 감정이 상하지 않아서 참 좋았어."

그러더니 효빈이가 한마디 덧붙였다.

"아이가 생기면 예쁜 노트 사서 글로 마음 나누면서 키우고 싶어. 엄마가 내게 한 것처럼."

나는 이 말을 듣고 얼굴이 화끈했다. 가끔은 바쁘다고 약속을 어기기도 했고, 스트레스가 쌓인 날에는 버럭버럭했던 내 모습이 떠올랐다. 그럼에도 내 양육방식을 칭찬받은 것 같아 그 어떤 말을 들었을 때보다도 기뻤다. 어른다운 엄마, 지혜로운 엄마, 현명한 엄마가 되려고 긴 세월 노력한 지금의 나를 알아준 효빈이를 으스러지게 안아버렸다.

3.
억울한 감정을 풀어주는
문제 소유 가리기

"아야!"

"왜 때려!"

연년생인 남매가 싸우는 소리였다. '또 시작이군' 생각하는 순간 "엄마" 하고 억울하게 당한 듯 효빈이가 큰 소리로 나를 불렀다. 나는 "또 싸우니? 세상에 하나밖에 없는 오빠 동생인데!" 하면서 아이들에게 소리친 후 자초지종을 묻지도 않았다. "거실 벽 앞에 두 손 들고 서 있어" 하고 두 눈을 크게 뜨고 엄한 목소리로 지시했다.

저녁상을 차리면서 돌아보니 들고 있던 손을 내리고 둘이서 속닥속닥 이야기하며 장난을 치고 있었다. 그러다가 내가 화난 표정으로 "똑바로 안 해" 하고 말하면 상대방을 탓하며 눈을 흘겼다. 벌을 세우면서 두 번 다시 싸우지 않기를 바랐으나 아이들은 전혀 변하지 않고 내 기분만 나빠졌다. 아이들 싸움에 화가 나고, 벌을 제대로 서지 않으면 엄마인 나를 무시하는 것 같아 더 화가 났다.

싸울 때마다 벌을 주었는데도 또 싸우는 아이들을 이해할 수가 없었다.

"아이들 키울 때는 다 그렇지 뭐!" 하는 주변 사람들의 말을 듣고 '그래, 맞다. 다 그렇다니까' 하고 합리화하며 살아왔다. 순전히 내 관점에서 명령이나 지시, 강요로 아이들을 대했다. 그 방법밖에 없는 줄 알았다.

'루루'를 쓰기로 약속한 후 아이들끼리 싸울 때 엄마로서 어떻게 해야 하는지 고민했다. 아이들 싸움에 내가 화내고 그 화를 다시 아이들에게 덮어씌우는 데서 벗어나고 싶었다.

싸움이 왜 일어날까 생각했다. 그리고 아이들의 감정을 살펴보기 위해 다음과 같이 정리해보았다.

- 첫째, 싸운 아이들은 서로 억울하다고 한다.
- 둘째, 내가 화낼 이유가 없다. 싸운 아이들이 해결할 문제다.
- 셋째, 서로 억울함은 다를 수 있으니 들어보자.
- 넷째, 잘한 것과 잘못한 것을 인지할 수 있게 도와주자.
- 다섯째, 잘못한 부분은 스스로 사과하게 짚어주자.
- 여섯째, 아이들이 싸울 때는 '그들만의 이유가 있겠지' 하며 바라보자.

그리고 나니 개운했다. 내가 화내지 않아도 된다는 것과 억울한 마음을 풀어줄 수 있어 효과가 있으리라 짐작했다.

다음은 이렇게 해서 싸우는 횟수를 줄이게 된 사례다.

어느 날 컴퓨터로 효빈이하고 진제가 한 팀이 되어 상대 팀과 게임을 했다. 그런데 평소에 게임을 많이 하지 않은 효빈이로 인해 게임에서 진 모양이었다.

"너 때문에 졌잖아. 병신아."

"게임을 못하면 병신이야? 왜 자꾸 나보고 병신이래. 잉잉."

병신이라는 말이 무척 듣기 싫었던 효빈이는 그 말을 듣자 자기 때문에 게임에서 진 설움이 겹쳐 참을 수 없었나 보다. 진제는 화가 나서 씩씩거리고 효빈이는 펑펑 울면서 대들었다. 나는 둘이 싸우는 소리에 화가 났지만, 심호흡을 하며 마음을 가다듬었다. 화내지 않고 아이들 싸움을 중재한다고 약속했으니까.

"무슨 일이니?" 하는 내 물음에 답하지 않고 아이들은 계속 싸웠다.

"아, 진짜 걸핏하면 울어."

"네가 병신이라고 했잖아."

"둘 다 화가 많이 났네. 잠시 나와보렴."

거실에 앉은 아이들에게 눈을 감으라고 했다. 잠시 침묵이 흐르게 두었다. 그런 후에 차분한 목소리로 말했다.

"둘이 막말하며 싸우는 소리를 듣고 깜짝 놀랐다. 무슨 일이 있었는지, 왜 화가 났는지 너무 궁금하다. 각자 구체적인 상황과 솔직한 생각을 여기에 적어줘. 같이 얘기하면서 잘못한 부분은 사과하고, 억울한 부분은 사과를 받자."

나는 아이들에게 A4지와 필기구를 나누어주고 다 쓸 때까지 기다렸다.

[표] 되짚어보기

1. 상대방으로 인해 기분 나빴던 말이나 행동은 무엇인가?

2. 내가 상대방에게 심하게 한 말이나 행동은 무엇인가?

3. 지금 기분은 어떤가?

4. 앞으로 같은 상황이 오면 어떻게 할 것인가?

5. 더 하고 싶은 말은?

아이들에게 눈을 감게 한 후 아이들이 쓴 내용을 읽었다. 눈을 감긴 이유는 한 번 더 생각해보는 시간을 갖게 하기 위한 목적이었다. 다 읽은 후 눈을 뜨게 하고 내용을 물었다. 각자가 적은 말을 그대로 되물어주며 아이들의 표정이 변하는 것을 세밀하게 관찰했다. 아이들이 느낀 억울한 감정이나 상대에게 상처를 주거나 받은 말과 행동 위주로 이야기했다.

[표] 상황 되돌아보기, 억울한 감정 풀어주기

단계	되물어주기	아이 말 들어주기
1	(진제에게) 진제가 화난 이유는 게임에 져서 기분 나빴구나.	(진제) 네. 이기고 싶었어요.
2	(효빈이에게) 오빠는 이기고 싶은 맘이 컸나 보다. (진제를 보며) 자기 때문에 져서 미안하대.	(효빈) 내가 못해서 진 건 맞아. 그건 미안해. (진제) 네.
3	여기에 효빈이가 화난 이유를 적었네. '병신'때문이라네. (진제를 보며) '병신'이라고 했니?	(진제) 예. 동생이 실수하는 바람에, 화나서…….
4	(효빈이에게) 오빠가 화나서 '병신'이라고 했는데 그 말에 기분 나빴다는 말이지?	(효빈) 걸핏하면 병신이라고 해. 정말 듣기 싫어.
5	(진제에게) 동생은 '병신'이라는 말 듣기 싫대.	(진제) 싫어하는 거 알아요.
6	(진제에게) 동생이 싫다고 하는 데 어떻게 하면 좋을까?	(진제) 앞으로 조심할게요.
7	(효빈이에게) 오빠가 앞으로는 조심한대.	(효빈) (눈물을 주르륵 흘리며) 훌쩍.
8	(효빈이에게) 정말 싫어하는 말이구나. (다독여준다)	(효빈, 진제) …….
9	(진제에게) 동생은 게임을 잘 못해서 질 수도 있지 않니? 그랬구나. 게임은 동생하고 하면 안 되겠네?	(진제) 네. 질 수도 있다고 생각했는데……. 그래도 오늘은 화가 났어요. 팀 게임은 같이하면 좋겠어요.
10	(효빈이에게) 팀 게임을 할 때 같이하고 싶대. 어떻게 할래?	(효빈) '병신'이라고 안 하면 같이할 수 있어.

단계	되물어주기	아이 말 들어주기
11	(진제에게) '병신'이라고 안 하면 같이할 수 있대.	(진제) 미안. 이제 하지 않을게.
12	(진제와 효빈이에게) 싸우는 모습 안 보고 싶은데 가능할까?	(효빈, 진제) 네. 이젠 안 싸울게요.
13	(진제와 효빈이에게) 안 싸운다는 약속 믿을게. (진제에게) 게임은 항상 이겨야 한다고 생각해? 게임에서 지면 어떤데? (진제에게) 질 때도 있구나. 오늘 네가 심했다는 말이네.	(효빈, 진제) 죄송해요. (진제) 아니요. 질 때도 많아요. 오늘은 제가 좀 심했어요.
14	(진제와 효빈이에게) 혹시 더 하고 싶은 말이나 남아 있는 억울한 게 있으면 다 털어버리자. 없어?	(진제) 엄마, 죄송해요. (효빈) 저도 죄송해요.
15	(진제와 효빈이에게) 싸우면 약속한 대로 청소해야겠지. 원하는 곳을 말해보자.	(효빈) 나는 큰방, 거실, 엄마 방. (진제) 나는 우리 방, 삼촌 방, 부엌.
16	(진제와 효빈이에게) 깨끗이 쓸고 닦고 걸레 빨아서 엄마한테 검사받기까지. 시작!	(효빈, 진제) 네. (땀을 흘리며 청소한 후 걸레를 깨끗이 빨아서 들고 옴)

나는 아이들이 느낀 감정을 모두 수용하고 공감해주었다. 억울함이 남았다 싶으면 풀릴 때까지 이야기를 나누었다. 자기가 느낀 억울한 감정을 털어낸 아이들은 솔직해졌다. 잘못된 행동과 기분 나쁜 말로 상대방에게 상처를 준 것도 인정하며 사과했다. 마무리

할 때 아이들의 표정이 다시 밝아졌다. 그러자 내 마음도 개운해졌다.

효빈이와 달리 진제는 승부욕이 강했다. 효빈이는 평소에 게임을 하지 않을 뿐 아니라 승부에서 져도 개의치 않았다. 하지만 진제는 장기나 컴퓨터 게임을 할 때 불러도 모를 정도로 몰입했고 이길 때까지 했다.

2008년 EBS에서 방영한 〈다큐프라임-아이의 사생활〉에서 남자아이와 여자아이의 집중과 몰입의 차이를 알아보기 위한 실험을 했다. 남녀 초등생 열여섯 명의 양쪽 귀에 단어와 문장을 동시에 들려주고 맞추게 하는 청력 실험이었다. 양쪽 뇌를 모두 사용하는 여자아이들과 달리 남자아이들은 주로 오른쪽 귀로 들은 단어만 맞췄다. 남자아이들은 들을 때 좌뇌만 사용해 우뇌 자극을 기억하지 못한 것이다. 이로써 남자아이들은 한 가지에 집중하거나 몰입하면 다른 자극이 와도 방해받지 않는다는 특성이 있다는 것이 밝혀졌다. 이 특성을 학습에 연결시키면 짧은 시간에 큰 효과를 볼 수 있다고 한다. 물론 그중에는 양쪽 뇌의 자극을 다 기억하는 아이도 한 명 있었다.

진제가 가진 승부욕과 몰입은 본능이었다. 게임에 져도 '그럴 수 있지' 하는 정도로 여유를 가지기를 바라는 것은 아들의 본능을 무시한 내 기대일 뿐이었다.

싸우면 집안 쓸고 닦고, 걸레 빨아 널도록 한 것이 아이들과 함께 정한 규칙이었다. 청소 구역은 아이들이 협의해서 정했다. 할머니와 할아버지 방에 청소하러 들어가면 "아이고, 우리 손자 고맙다" 하셨다. 어른들과 나는 윙크로 무언의 대화를 나누었다.

'어머님, 아버님. 아이들이 싸운 벌이니 열심히 청소하는지 봐주세요.'

'그래 그래. 아이들은 싸우면서 큰다. 너무 애쓰지 마라.'

억울함을 거의 다 표현하고 수용받은 아이들은 청소를 놀이처럼 했다. 걸레를 잡고 엎드린 채 발을 종종대며 방을 닦았다. 이마와 온 몸이 땀으로 범벅이 되었음에도 불구하고 웃으며 청소했다. 서로 헝클어진 모습을 보며 웃기도 했다. 화나고 억울한 맘이 편해졌음을 알 수 있었다. 더러워진 걸레를 빨랫비누로 깨끗이 빨아서 건조대에 너는 것으로 청소는 마무리되었다. 평소 잘 닦지 않던 방바닥이 뽀송뽀송해진 것을 보니 마음이 개운해졌다. '아이들이 자주 싸워도 좋겠는데' 하는 어처구니없는 생각을 한 적도 있었다.

"너희들이 싸우고 나니 온 집이 반들반들 윤이 나네. 어머니, 안 그래요?"

"그렇다마다. 우리 손주들이 청소를 참 잘하네. 허허허."

이렇게 화내지 않고 원만하게 해결해서 기분이 좋아진 나는 웃으며 시원한 간식을 챙겨줄 수 있었다. 이런 방식으로 중재를 한후 싸우는 횟수가 많이 줄었다. 두세 달 지나도록 싸우지 않기에 이제는 잘 지내는 남매가 되었구나 하고 안심하던 어느날 다시 격해진 아이들의 목소리가 들렸다. 아무 말 없이 아이들 방으로 갔다. 눈치 빠른 효빈이가 웃으면서 말했다.

"오빠! 우리 싸운 거 아니지?"

"응! 목소리가 조금 컸나?"

"엄마! 우리 목소리가 조금 커서 싸우는 줄 아셨죠?"

"오, 그래? 나는 싸우는 줄 알았네. 집 청소할 때가 된 거 같은데……."

"우리 이제 안 싸워요."

"헤헤헤."

"히히히."

싸우지 않고 함께 잘 노는 남매라면 나무랄 이유가 없기에 웃으면서 아이 방에서 나왔다. 아이들의 반응을 보고 안심했다. 화가 올라올 때 '싸우지 말아야지' 하고 알아차릴 만큼 유연한 대처가 가능해졌으니 얼마나 대견한가. 중재하면서 내가 화내지 않게 된 것은 〈문제 소유 가리기〉 특강 도움이 컸다.

당시 나는 근무하던 G중학교에서 학부모 교육을 주관했다. 그때 〈문제 소유 가리기〉 전문 강사를 모시고 특강을 들었다. 강사는

"문제가 발생하면 무조건 화내지 말고 항상 문제 소유를 생각하라"며 다양한 사례를 들어 설명해주었다. 아이들이 싸울 때는 문제 소유가 아이들에게 있었다. 엄마 문제로 가져오면 모두가 힘들어지며 해결은 고사하고 더 심각한 문제로 확대된다 했다.

〈문제 소유 가리기〉는 사실 간단한 연습만으로도 충분히 활용이 가능하다. 훈련만 하면 대인관계가 편해진다. 〈문제 소유 가리기〉의 원칙은 '누가 더 속상한가?'이다. 이 원칙에 따라 다음의 두 사례에서 문제 소유를 가려보자.

[사례1]

학교에 가야 하는 아이가 늦잠을 자고 있다. 깨워도 일어나지 않는다. 엄마는 속이 탄다. '늦게 일어나니 차려준 밥도 못 먹고 갈 것이 뻔하다. 게다가 지각으로 선생님께 벌을 받는 것도 예상된다. 내 아이가 벌을 받는 것은 정말 싫다'고 생각한다. 그러고는 아이에게 "일어나라"고 소리 지르며 "일찍 자라고 해도 안 자더니 잘한다", "내가 너 때문에 못 살겠다", "매일 아침마다 깨우는데 도대체 언제쯤 알아서 일어날래" 하며 잔소리를 퍼붓는다. 이 말끝에 엄마는 더 화가 치민다.

누구의 문제일까? 누가 더 속상한가? 아이의 문제이다. 엄마의 잔소리를 들으며 일어난 아이는 기분이 나쁘다. 밥도 안 먹고 씻지도 않고 집을 나선다. 등교시간이 지나서 학교에 도착하면 교문에서 선생님께 혼이 난다. 교실에 들어가면 담임선생님께 또 혼난다. 1, 2교시쯤 되면 꼬르륵 소리와 함께 배도 고프다. 먹을 것도 없다. 그때 어떤 친구가 사탕이라도 먹고 있으면 괜히 시비를 걸어 싸우기도 한다.

늦잠 자는 아이를 본 엄마가 화를 낸 것은 아이 문제를 엄마 문제로 가져왔고, 아이의 더 큰 문제로 재생산했음을 알 수 있다. 엄마가 아무 말 않고 기다려주면 아이는 늦잠을 자는 버릇을 고치게 된다. 왜냐하면 자신의 어리석은 행동이 가져온 결과를 경험하면서 스스로 성장할 수 있기 때문이다.

[사례2]

형제나 남매 혹은 자매가 싸우는 경우를 가정해보자. 아이들이 소리 지르고 때리고 우는 소리가 들린다. 서로 잘 지내야 하는 자녀가 싸우는 것을 본 엄마는 화가 나 큰 소리로 꾸짖는다. 아이들은 모두 억울한 마음이 있는데 엄마 때문에 더 싸우지도 못하고 참는 척한다. "너 때문이야" 하며 감정을 꾹꾹 눌러둔다. 저녁밥도 "안 먹어" 하고 둘이 계속 째려보면서 씩씩거린다. 엄마에게도 말을 툭툭 던지듯 함부로 한다. 그것을 본 엄마는 폭발한다. "세상에 하나밖에 없는 동생(또는 오빠)을 못 잡아먹어 생난리다" 하며 다시 나무라게 된다. 퇴근한 남편에게 불쾌한 감정을 전하면서 화가 더 솟구칠 수도 있다. 엄마의 감정이 고스란히 아빠에게 전해질 수도 있다. 그러면 아빠가 아이들을 불러 더 크게 혼내기도 한다.

누구의 문제일까? 누가 더 속상한가? 아이들의 문제다. 아이들이 더 속상하다. 아이들은 욕구가 채워지지 않거나 억울해서 싸운다. 아이들은 욕구만 해결하면 싸움을 멈춘다. 아이들이 스스로 해결하는 방법을 배우는 것이 중요하다. 싸우는 것을 본 엄마가 화를 내면 아이들의 문제가 엄마의 문제로 넘어온 것이라 할 수 있다.

[문제 소유 가리기 훈련]

* 문제 소유 가리기 3단계 *

일단 문제가 생기면 감정과 사고를 정리하는 시간이 필요하다.

1. 심호흡하기(감정 조절)

2. 누가 더 속상한가(문제 소유) 생각해보기

　- 자녀의 문제

　- 자녀의 행동으로 부모의 문제가 된 경우

　- 부모 개인의 문제

3. 적절한 대화법(문제 해결 방법)

　- 자녀의 문제: 공감적 경청(속상한 감정을 인정받는 느낌)

    자녀 양육 전문가들은 아이를 독립적인 인격체로 보라고 말한다. 자식을 소유의 관점으로 생각하는 부모는 본인의 감정만 강조하고 자녀의 감정을 무시하는 잘못을 저지를 수 있다. 자녀도 독립적인 인격체이므로 감정이나 의견을 존중받고 싶은 본능이 있다. 진정으로 자식을 사랑하는 부모라면 말을 아무렇게나 하면 안 된다. 위압적인 자세를 버리고 자녀의 입장과 마음이 되어보는 훈련을 끊임없이 해야 한다. 자녀는 부모가 만든 틀에 맞추며 살아야 하는 존재가 아님을 명심해야 한다.

4.
다름을 받아들이고
있는 모습 그대로 인정해주기

아이들이 자라는 동안 엄마의 손이 많이 가는 건 어느 집이나 마찬가지다. 초등학교 4학년인 진제는 욕실을 사용하고 정리를 잘 안 했다. 나는 진제가 욕실의 물기를 닦고 물에 젖은 슬리퍼를 세워주는 정도는 스스로 하기를 바랐다. 폭염인 8월에는 가족이 하루에 두세 번씩 샤워를 한다. 그날도 진제가 샤워하고 나온 욕실은 천장에서 물방울이 뚝뚝 떨어지고 슬리퍼 안에도 물이 한가득 들어 있었다.

'엊그제도 이러더니……'

순간 화가 치밀어 올랐다. 당장 불러서 혼내고 싶었지만 참고 심호흡을 했다. 그런 다음 욕실을 말끔히 정리했다. 거실에서 콧노래를 부르는 진제는 무신경 그 자체였다. 그날 저녁 조용한 시간에 '루루'를 펴서 다음과 같이 적었다.

낮에 급하게 욕실로 들어갔다. 슬리퍼를 신는 순간 양말이 다 젖었다. "앗, 차가워" 하고 보니 샤워한 네가 벗어둔 옷이 욕실에 아무렇게나 버려져 있었다. 젖은 수건이 욕조에 걸쳐 있고, 천장에서는 물방울이 뚝뚝 떨어지고 있었다. 할머니가 욕실을 사용하기 전에 빨리 정리해야지 싶어 말끔히 정리했다. 거울, 욕조, 변기에 튄 물을 닦고 나니 허리가 아팠다. 네가 벗어둔 옷과 수건도 세탁기에 넣었다. 할아버지와 할머니도 함께 사는 집이니 정리는 스스로 해야 하지 않을까 생각한다. 다음에 욕실을 사용할 사람을 위한 배려니까. 엄마는 현명한 진제가 꼭 그렇게 했으면 싶다.

- 변화를 기다리는 엄마

엄마, 제가 정리 안 하는 것 때문에 속상하시죠? 저 대신 정리하시다가 엄마가 아프실 수도 있고요. 저는 엄마가 건강해야 마음이 놓여요. 지난번 엄마가 아프셨을 때 하늘이 무너지는 것 같았어요. 정리는 생각보다 실천이 잘 안 돼요. 죄송해요. 변화하도록 노력할게요.

죄송해요.

- 진제

진제는 자기가 정리를 하지 않았다면서 솔직히 시인했다. 또 엄마가 자기 대신 정리하다가 아프지 않을까 걱정하고 있었다. 정리를 금방 할 수 있는 일이라고 생각하는 나와는 달리 어린 진제에게는 실천하기가 어려운 일이었다. 무작정 혼낼 일이 아니었다. 나는 단지 욕실을 사용하고 나서 정리를 하는 것이 가족을 향한 배려라는 것을 알아주기를 바랐다. 미루거나 깜빡하지 않기를 바라는 마음이 컸다. '루루'에 죄송하다는 답을 적은 그날 이후 진제는 샤워하고 난 즉시 욕실을 정리했고, 젖은 옷과 수건을 세탁기에 넣는 아이가 되었다.

진제는 학교에 다녀오면 집에 오자마자 외출복을 벗어 아무 데나 던져두었다. 옷이 발에 밟히는 것이 마음에 걸려서 내가 정리했다. 그리고 나서 '루루'에 이렇게 글을 남겼다.

'루루' 2003. 08. 30.	
진제야, 오늘은 엄마가 네 옷(거실에 던져둔 웃옷과 바지, 방에 던져둔 잠바)을 대신 정리했단다. 휴……. 힘들어. 내일 한 번 더 입으려면 곱게 정리해두어야지.	네! 미루지 않고 바로 하는 게 실천하기가 약간 어려워요. 하지만 노력할게요. - 엄마를 더 사랑하는 진제

하지만 욕실 정리를 잘 해달라고 요청하면 외출하고 와서 옷 정리도 할 줄 알았는데 아니었다. 진제는 구체적으로 말해주는 것만 이해했고 하나씩 요청해야 조금씩 달라지는 아이였다. 진제는 어른이 된 지금도 정리는 잘 못한다고 했다.

2019년 6월 텔레비전에서 '습관으로 인생이 달라지는 프로젝트'를 방영했다. 바로 SBS스페셜 〈당신의 인생을 바꾸는 작은 습관〉이었다. 나쁜 습관으로 힘들어하는 지원자를 대상으로 멘토를 지원하고 4주간 좋은 습관을 만들게끔 도와주는 내용이었다. 멘토가 강조하는 바는 작은 행동목표로 좋은 습관을 익혀나가야 한다는 것이었다. 쉽게 할 수 있는 작은 행동목표를 달성하면 성취감을 맛보고 이를 반복하다 보면 좋은 습관이 몸에 밴다고 했다. 진제가 초등학교에 다니던 그때 이런 좋은 방법을 알았더라면 작은 행동목표를 정하게 해서 제 방을 스스로 정리하는 습관을 길러줄 수 있었을 텐데. 아이가 좋은 습관을 기를 수 있게 돕지 못해 많이 미안하다.

다음은 진제가 정리를 잘 못하고 눈치가 없다는 것을 알게 된 일화다.

할머니 방을 정리해드리려고 책장을 다른 방으로 옮기던 날이었다. 나는 방에 있는 책을 꺼내서 다른 방으로 옮기고 있었다. 그런데 책이 많아 내가 계속 왔다갔다 하는데도 진제는 거실에서 휴대폰을 만지작거리며 놀고만 있었다. 엄마가 책 옮기는 것을 도울 법도 한데 아무런 반응이 없었다. 슬슬 화가 났다. 나는 결국 "넌 어찌 그리 눈치가 없냐? 말을 안 하면 도와야겠다는 생각이 안 드니?" 하며 거친 목소리로 툭 던졌다. 진제는 그제야 당황한 표정으로 책을 옮겨주고 책장도 함께 밀어서 옮겨주었다. 덕분에 일이 수월하게 끝났다.

그날 저녁 진제가 말했다.

"엄마, 저는 눈치가 없어요. 어떤 일을 시킬 때는 하나하나 짚어 가면서 말해주세요. 그리고 두세 시간 전에 미리 말씀해주시면 좋겠어요."

나는 '아차' 싶었다. 내가 말한 '눈치 없다'는 표현이 아이에게 큰 상처를 주었다는 생각에 너무 미안했다. 나와는 다른 존재인데 나처럼 행동하기를 바라는 잘못을 또 저질렀구나 싶었다. 아직도 아이를 내 기준으로만 판단하고 있었다. 진제는 남자아이의 특성을 그대로 가진, 나와는 다른 존재임을 왜 몰랐을까?

《아이의 사생활》에서는 남자아이의 특성에 대해 다음과 같이 말하고 있다.

남자아이들은 숙제도 잘 안 하고 잘 씻지도 않고, 물건을 제자리에 두지도 않는다. 해야 할 일도 잘 잊어버린다. 이런 행동은 남자아이가 가진 뇌의 특성과 관련이 있다. 아이에게 계속 참견하거나 잔소리할 것이 아니라 할 일을 미리 적어주고 하지 않았을 때는 자기가 책임지게 해야 한다. 아이의 잘못이나 해야 할 일을 알려줄 때는 눈을 맞추고 말하라. 남자아이는 자신의 눈을 보고 하지 않은 말은 잘 듣지 못한다.

진제는 평소에 이불 정리를 하지 않았다.

"진제야, 아침에 일어나면 이불을 반듯하게 펴놓는 게 어때?"

"저녁에 또 잘 텐데 정리 안 하면 안 되나요?"

"……."

진제는 이불을 정리할 필요를 전혀 못 느끼는 아이였다. "엄마는 어느 방이든 침대에 이불이 반듯하게 정리되어 있는 것을 보고 싶어. 할머니, 할아버지께서 정리가 안 된 네 이불을 정리해주시는데 네가 하면 좋겠다" 하는 말을 하는 것밖에 다른 방도가 없었다.

엔지니어에서 조각가로 전향한 알렉산더 콜더의 스튜디오에 관한 이야기를 들으면 반드시 정리를 잘하지 않아도 될 것 같아 위안이 된다. 움직이는 조각의 선구자 콜더의 스튜디오는 작업 진행 중인 작품과 도중에 그만둔 작품들로 항상 어질러져 있었다고 한다. 그는 그것들을 치우지 않고 오랫동안 내버려뒀다가 뭔가 놀라운 아이디어를 떠올려 멋진 조각을 만들었다고 한다. 그는 "그것들을 계속 놓아두고 있으면 말이죠. 어떤 변화가 여기저기서 일어나는데 나중에 보면 그게 아주 만족스러운 작품이 되거든요" 하고 말했다.

아이가 깔끔하게 치우고 사는 습관을 길렀으면 하는 것은 내 기대일 뿐이다. 사실 나도 그리 깔끔하게 치우고 사는 편은 아니다. 그냥 기본만 한다. 물건들이 눈에 보여야 잘 활용한다는 생각에 집안 정리를 잘 안 하고 산다. 어찌 보면 엄마가 그러니 아들이 잘 못 치우는 게 당연하다는 생각도 든다.

'루루'를 쓰기 시작한 또 하나의 목적은 원만한 소통이었다. 만 일 "오늘도 늦잠이니? 엄마 바쁜 거 안 보이니? 빨리빨리 일어나 라" 하면서 질책하거나 "자고 나면 이불은 매일 반듯하게 정리해 라" 하면서 명령하거나 "네가 벗은 옷, 아무 데나 두지 말고 제발 좀 걸어라" 하고 지적했다면 마음에 두터운 벽이 놓인 모자관계가 되지 않았을까. 아이는 명령이나 지적만 하는 나 때문에 습관적으 로 짜증을 냈을지도 모른다. 지속적으로 지적받은 아이의 자존감 은 바닥으로 떨어졌을 것이고, 성장할수록 엄마가 하는 말이 전부 듣기 싫어진 나머지 학교에서는 '여교사'를 엄마와 동일시하여 학 교 부적응아가 되었을지도 모른다.

'루루'는 원만한 관계를 만드는 데 효율적이었다. 나와 아이들의 생각이 다름을 알 수 있는 지름길이었다. 아이들은 '루루'에 적어 둔 내용을 읽으며 반감 없이 받아들였고 고치기 위해 애썼다. 부 정적인 감정은 거의 생기지 않았고 서로 자신의 말과 행동을 돌아 보게 하는 효과도 있었다. 같은 상황이더라도 다른 생각과 행동을 할 수 있는 것이 사람이라는 것도 배웠다. '루루' 덕분에 아이들에 게 상처를 조금씩 덜 주게 되었고 그나마 좋은 관계를 이어갈 수 있었다.

5.
바람직한 행동기준을
세우고 알려주기

평소 길을 걷다 보면 껌이나 과자 봉지, 담배꽁초 같은 쓰레기가 많이 보인다. 얼마 전에는 앞서가던 남학생이 다 먹은 과자 봉지를 스스럼없이 길에 버리고 가는 것을 본 적도 있다. 그럴 때마다 참 안타깝다는 생각만 했지 말 한마디 못하고 지나쳤다. 그런 내가 어른답지 못하다고 생각하면서도 간혹 뉴스에 나오는 아이들의 난폭한 반응이 두려웠기 때문이다. 내 아이들만이라도 쓰레기 처리를 잘할 수 있게 키워야겠다는 다짐을 하곤 했다.

초등학교 4학년 무렵, 아이들과 이모 집에 갔다 오는 길이었다. 진제와 효빈이가 나보다 먼저 아파트 현관으로 들어갔다. 주차를 하고 승강기를 타러 가니 아이들은 이미 올라가고 없었다. 그런데 1층 계단에 놓인 빈 음료수 병이 눈에 띄었다. 좀 전에 아이들 손에 들려 있던 음료수 병 같았다.

'둘 중 누가 빈 병을 여기에 두고 갔을까', '내가 치울까' 생각하다가 그대로 둔 채 집으로 올라갔다.

"얘들아, 1층 계단에 빈 음료수 병이 놓여 있더라. 혹시 너희가 들고 있던 거 아니야?"

"아, 엄마. 제가 거기에 두고 왔어요."

"그랬구나. 얼른 내려가서 가져오는 게 좋을 것 같네."

"네, 엄마. 빨리 갔다 올게요."

진제는 솔직하게 말했다. 그러고는 곧바로 내려가서 빈 병을 가져왔다. 진제에게 더 이상 훈계는 안 했다. 하지만 저녁 내내 마음이 불편했다. 내가 물어본 말을 기분 나쁘게 받아들이면 어쩌나 하고 염려가 되었기 때문이다.

'루루' 2004. 8. 22.

진제야.

너희 뒤를 따라가다가 1층 승강기 앞 계단에 놓여 있던 빈 음료수병을 보았어. '혹시 우리 진제가 놔둔 것이 아닐까?' 하는 생각에 엄마가 치우려다 그냥 두었지. 엄마는 거기 둔 사람이 치우기를 바랐지.

집에 도착해서 너에게 물어보면서 마음이 불편했다. 네가 기분이 나빠질 수도 있겠다 싶어서. 그런데 솔직하게 시인해줘서 정말 고마웠어. 공중도덕은 누가 말해서가 아니라 환경보호 차원에서 스스로 실천해야 하는 일이라고 생각한다. 오늘 일에 대한 네 생각이 궁금하네.

네, 엄마.

제가 너무 비양심적인 행동을 한 거 같아요. 그 뒤 엄마가 지적해주셔서 버리고 나니 마음이 편안해요. 알려주셔서 감사해요.

- 아들이.

진제의 답글을 보고 마음이 쓰렸다. "비양심적인 행동을 했다"와 "지적해주셔서"라는 표현 때문이었다. 빈 병을 두고 온 것은 분명 잘못된 행동이어서 조심스럽게 짚어주었는데도 맘이 아팠다.

잘못된 행동을 고쳐주려고 지적하는 방법이 아이에게 상처로 남는 건 아닌지 불안했다. 소아의학 전문가인 윌리엄 시어스 부부는 부모와 자녀가 친밀한 관계를 맺은 상태에서는 어떤 것이 옳고 그른지를 적절히 지적해도 상처가 되지 않으며 아이의 내적 행동 규범 체계를 형성하는데 도움이 된다고 말했다.

시어스 부부는 《현명한 부모는 아이를 스스로 변하게 한다》에서 도덕적인 아이로 키우고 싶으면 도덕성의 근본 가치인 민감성이 우선되어야 한다고 지적했다. 민감성이 높은 아이는 다른사람이 어떻게 생각하고 있는지를 느낄 수 있는 능력을 갖게 되어 생각하는 바를 행동으로 옮기기 전에 자신의 행동이 다른사람에게 어떤 영향을 미칠지에 대해 미리 고려할 수 있다고 조언했다.

불평이 많거나, 매사 부정적인 아이가 비슷한 상황에 놓인다면 반항하는 태도를 보이며 "뭐, 그깟 것 가지고 그래요?" 하는 반응을 보일 수도 있다. 이런 아이들은 자아존중감이 낮기 때문이다. 시어스 부부의 말을 빌리면 자아존중감이 낮은 사람은 자신의 잘못된 행동을 인정하지 않는다고 한다. 반면 자신의 잘못된 행동을 고치려고 노력하는 아이는 자신을 가치 있는 존재로 인지한다고 한다. 그 이유는 자신의 장단점을 있는 그대로 수용해서 장점은 살리고 단점은 극복하는 것이 자아존중감이기 때문이라고 한다.

그렇다면 아이가 이미 자아존중감이 낮은 상태라면 어떻게 해야 할까. 부모가 세심한 관찰로 아이행동 중 아주 작게나마 나아진 부분을 찾아야 한다. 그리고 다음과 같이 나아진 행동의 구체적인 부분을 지속적으로 칭찬하거나 격려해 주어야한다.

- "오늘은 말 안 해도 스스로 일어났네."
- "너도 힘들 텐데 도와줘서 정말 고맙다."
- "어떻게 그렇게 기특한 생각을 했어. 대단해."
- "엄마는 네가 내 아들이라서 힘이 나고 행복하다."
- "밥을 맛있게 먹는 모습을 보니 엄마 기분이 정말 좋다."
- "동생에게 친절하게 대하는 네가 어제보다 훨씬 의젓해 보인다."

부모에게 이런 말을 듣기 시작해도 자아존중감이 바로 높아지지 않을 수도 있다. 과거의 잘못된 행동 때문에 받은 부정적인 기억들로 이미 기가 꺾여 있기 때문이다. 하지만 구체적인 칭찬을 지속적으로 듣다보면 조금씩 자아존중감이 회복될 수 있다. 아이는 자신을 긍정적으로 바라보는 부모의 눈빛과 부드러운 목소리, 따뜻한 표현을 들으며 자신을 가치 있는 사람으로 여기기 때문이다.

6.
뇌와 정서발달을 돕는
유쾌한 가족놀이

2019년 2월 중순, 꼬막 전문 식당에 갔다. 딸 셋에 부모까지 다섯 식구가 우리가 앉은 건너편에 자리 잡았다. 초등학교 3학년쯤 된 언니로 보이는 딸이 엄마 옆자리에 앉으려 하자 제일 작은 딸이 언니를 밀치고 거기 앉겠다고 떼를 썼다. 머쓱해진 언니는 신경질을 부리며 건너편 자리에 앉았다.

당돌한 막내는 하고 싶은 것을 모두 하고야 마는 성향으로 보였다. 주인이 내놓은 물컵 다섯 개를 포개어놓고 식구들이 물을 못 먹게 했다. 두 언니는 막내가 못마땅한지 불만이 가득한 표정이었다. 언니들은 말 한마디 없이 벽에 걸린 텔레비전만 보고 있었다.

엄마는 막내에게 부드러운 말로 타이르는 것 같았으나 통하지 않는 것 같았다. 아빠는 이 모든 장면을 보고도 음식이 나올 때까지 스마트폰만 만지며 아무 말도 하지 않았다. 가족 모두 시선이 달랐다. 그 어색함이 내게도 고스란히 전해졌다. 잠깐이지만 '음식

이 나올 때까지 가족이 함께 즐길 수 있는 놀이를 하면 좋을 텐데'
하는 아쉬운 마음이 들었다.

문득 21년 전쯤 우리 가족의 나들이가 생각났다. 아이들이 네댓
살쯤 되었을 때 우리 가족은 한 달에 두세 번 외식하는 게 전부였
다. 소화력이 약한 할아버지, 할머니가 원하지 않을 때도 있었고,
승용차에 여섯 명이 타기 힘든 것도 그 이유였다. 나는 가장 어린
효빈이를 항상 내 무릎에 앉혔다. 이동하는 내내 효빈이도 나도
불편했다. 그러다 보니 자연스럽게 외식이 드물어졌다. 말은 못해
도 아이들과 나들이하고 싶은 마음이 불쑥불쑥 생겼다. 이런 맘을
헤아려주신 할머니, 할아버지가 "너희끼리 다녀와" 하고 배려해주
셨다.

어쩌다 하는 나들이라 집에서 먼 곳으로 가다 보니 진제가 멀미
를 심하게 했다. 멀미는 눈은 고정되어 평형상태에 대한 정보를
주는 반면에 흔들리는 몸은 평형을 이루지 못하기 때문에 생긴다.
즉, 뇌에서 약간의 혼란이 일어난 상태라고 할 수 있다. 나들이는
좋지만 진제가 멀미로 힘들어해서 마음이 편치 않았다. 그러던 어
느 날, 진제가 골똘히 생각할 때는 차 안에서도 멀미를 하지 않는
다는 것을 알게 되었다. 그 후로 재미도 있고 생각도 할 수 있는 놀
이를 이동하는 차 안에서 하게 되었다.

[이동하는 차 안에서 쉽게 할 수 있는 놀이]

◇ 끝말잇기

승용차-차표-표지판-판자-자식-식당

조건 없이 하다가 숙달되면 '두 글자로 된 말', '세 글자로 된 말'처럼 조건을 둔다.

→ 어휘력 향상에 좋다.

◇ 지정 알파벳으로 시작하는 단어 말하기

air-ant-angle-about-amazing-……, bus-bear-brown-……, cat-core-cook-corn-…….

영어를 배우는 시기에 적절했다. 허용 시간은 3초.

→ 영어 어휘력 향상에 좋다.

◇ 절대음감 놀이

두바이 - 두**바**이 - 두바**이**

카자흐스탄 - 카**자**흐스탄 - 카자**흐**스탄 - 카자흐**스**탄 - 카자흐스**탄**

→ 나라의 이름을 많이 익힐 수 있다.

◇ 나라와 수도 연결해서 말하기

그리스-아테네, 과테말라-과테말라, 네덜란드-암스테르담, 네팔-카트만두-…….

→ 사회시간에 눈여겨 찾아보게 된다.

◇ 네 글자로 된 영어 단어 말하기: 맥도날드-유토피아-롯데리아-…….

◇ 사자성어 말하기: 죽마고우-장유유서-선남선녀-다다익선-…….

한자를 조금 알아가는 시기에 좋다. 뜻 설명하기 (한자 배운 부모 협조가 필수)

◇ 클래식 음악의 제목과 작곡가 맞추기

많이 알지 못해도 자주 듣는 곡을 활용하는데, 아이들이 무척 좋아했다.

바이올린 협주곡들, 생상의 <서주와 론도 카프리치오소>, 슈베르트의 <아르페지오네소나타>, 교향곡 베토벤의 <운명> 등.

식당에 도착하면 주문한 음식이 나올 때까지 또 다른 놀이를 했다. 다음은 주변 사람들에게 방해되지 않으며 조용한 목소리로 할 수 있는 놀이다.

◇ 엄지 수 맞추기

- 두 손을 엄지가 보이게 주먹을 쥔다.

- 네 사람 주먹 여덟 개를 한가운데로 모은다.

- 한 방향으로 돌아가면서 숫자를 말한다.

- 한 사람이 숫자를 말하는 동시에 각자 원하는 엄지를 세울 수 있다.

- 엄지 수가 8개이므로 0~8까지 수를 부르는 것이 원칙이다.

- 수를 말한 사람이 세워진 엄지 수를 맞춘 경우 다른 사람들의 손을 툭툭 때린다.

- 맞춘 사람은 부를 기회를 한 번 더 갖는다.

◇ 침묵의 0-0-7 빵

- 주변 사람에게 방해가 되지 않도록 소리 내지 않고 0-0-7 빵을 한다.

- "으악"도 소리 내지 않고 행동과 입 모양으로만 한다.

- 돌아가는 방향은 시계 방향 혹은 반시계 방향.

- 참고로 4인 이상일 때 하는 것이 더 좋다.

나들이할 때마다 간단한 놀이를 한 덕분인지 몰라도 우리 가족의 놀이 순발력은 갈수록 좋아졌다. 음식이 나오기를 기다리거나 긴 시간 차 안에 있어야 하는 상황에서도 우리 가족은 단순한 놀이로 즐거운 추억을 쌓아가고 있다.

아인슈타인의 뇌 연구로 유명한 미국 버클리대 신경과학자 메리언 다이아몬드 박사는 울타리에 가둬놓은 쥐와 미로를 돌아다니는 쥐의 뇌 발달 정도를 알아보는 실험을 했다. 그 결과, 가둬놓은 쥐보다 미로를 활발하게 돌아다닌 쥐의 대뇌피질이 더 두꺼워진 것을 발견했다. 대뇌피질은 인간의 고차원 인지기능인 기억력, 집중력, 추론, 문제해결력을 관장하는 곳이다. 그는 활발한 활동과 놀이를 하는 아이는 두뇌의 기능이 좋아진다고 강조했다. 덧붙여 교구를 사용하는 것보다 자유 놀이가 뇌 발달에 더 효과적이라고 말했다. 단, 어린 아이들은 자유 놀이를 하다가 다음 과정으로 넘어가지 못해 멈칫할 수도 있다며 이럴 때 부모는 아이들이 스스로 해결할 수 있게 살짝 도와주기만 하라고 했다. 아울러 가족과 함께하는 놀이는 정서발달에도 매우 효과적이라고 강조했다.

남은 반찬을 버리지 않기 위해 2년 전부터 새로운 놀이를 하고 있다. 상을 치우려고 하면 남는 반찬이 있게 마련이다. 버리기는 아깝고 먹으려니 부담이다. 음식 쓰레기도 줄여야 하고 부영양화로 인한 수질오염도 걱정을 안 할 수 없었다. 그래서 가위바위보를 활용한 간단한 놀이를 떠올렸다.

◇ '가위바위보'로 음식 쓰레기 줄이기

(단, 샐러드 야채, 나물, 두부, 오이무침, 과일 등 부담 없이 먹을 수 있는 음식만 해당)

- 1단계: 이긴 사람(세 명) 제외, 진 사람은 반찬 하나 먹기

- 2단계: 이긴 사람(한 명)만 제외, 진 사람(세 명)은 반찬 하나 먹기(많이 남아 있을 때)

- 3단계: 같은 것 낸 사람 제외, 다른 것 낸 사람 반찬 하나 먹기

  예) 4인 가족의 경우

  • 가위 두 명, 바위 한 명, 보 한 명 - 바위와 보를 낸 사람들이 먹어야 한다.

  • 가위 세 명, 바위 한 명이면 바위를 낸 사람이 먹어야 한다.

- 4단계: 같은 것 낸 사람들끼리 서로서로 남은 반찬 하나씩 먹여주기

  • 같은 것을 낸 사람이 세 명이면 한 방향으로 먹여준다.

  • 다른 것을 낸 사람은 먹지 않는다.

- 5단계: 다른 것 낸 사람들끼리 둘씩 짝을 지어 반찬 하나씩 먹여주기

  • 같은 것을 낸 사람들은 먹지 않는다.

놀이를 하다가 새로운 방식이 떠오르면 즉석에서 제안을 하고 놀이방식을 업그레이드하기도 했다. '가위바위보' 놀이의 경우 처음에는 1단계만 했다. 여러 번 하다 보니 매번 걸리는 사람이 보였다. 그를 배려하고 싶어 '같은 것을 낸 사람, 다른 것을 낸 사람' 같은 조건으로 규칙을 살짝 바꾸었다.

가위바위보에서 지더라도 다르게 내면 안 먹어도 된다. 놀이에서 졌는데도 남은 음식을 안 먹는 기쁨은 정말 컸다. 물론 이기더라도 먹어야 되는 경우도 있다. 어쨌든 주부인 나로서는 반찬이 남았을 경우 빨리 정리할 수 있어서 좋았다. 같은 것을 낸 사람들은 서로 마음이 통한다면서 기분 좋게 남은 음식을 먹었다. 크기나 종류는 젓가락을 든 사람 마음이었다. 제일 작은 것을 고르는 경우 옆에서 위트 섞어 "그러지마"라면서 함께 웃기도 했다. 자신의 정량만큼 다 먹은 후라 서로 안 먹기 위해 애썼다. '가위바위보' 놀이는 세대와 상관없이 즐길 수 있다. 식사 마무리 시간에 놀이를 하면서 남은 음식을 먹는 것은 가정에서부터 환경보호를 실천할 수 있는 작지만 바람직한 아이디어다. 단, 시간 여유가 있을 때 가능하다.

평소에 '가위바위보' 놀이는 이기고 지고가 중요했다. 그런데 다양한 조건을 걸고 하니 이기고 지는 문제가 아니라 기존 틀을 허무는 즐거움이 생겼다. 가족이 고르는 음식 취향도 볼 수 있고 배려와 지지, 재치와 웃음으로 돈독해지는 시간이었다. 가족과 함께하는 추억이 쌓일 때마다 행복감은 더 커졌다.

7.
무슨 일이 있어도
아이 생각부터 들어주기

현명한 엄마, 상처 주지 않는 엄마가 되려고 애쓴 지 3년이 넘은 어느 날, 아이들과 나에게 한 약속을 못 지켰다. 그 일로 나는 아직 어른다운 어른이 되기엔 한참 멀었다고 느꼈다.

일요일 낮. 새 가방이 필요한 효빈이를 데리고 지하상가에 있는 가방가게에 갔다. 처음 들어간 집에서 효빈이가 좋아하는 캐릭터 가방을 보여달라고 했다. 디자인이 조금씩 다른 가방 세 개를 앞에 둔 효빈이는 이렇다 저렇다 말이 없었다. 그걸 본 주인은 "다른 가방 보여드릴까요" 하면서 가방을 몇 개 더 내놓았다.

"어때? 맘에 드는 거 골라봐."

"……"

"잘 안 들려. 뭐라고?"

"……"

효빈이는 말끝을 흐리기도 하고, 무슨 말을 하긴 하는데 잘 들리지 않았다. 나는 "마음에 들면 말하겠지" 하고 기다렸다. 그런데 한참 지나도 아무 말이 없었다. 답답했다. 슬슬 화가 났다.

"좋으면 좋다 싫으면 싫다고 말해. 꿀 먹은 벙어리처럼 입 다물고 있으니 진짜 답답하네."

나는 효빈이에게 버럭 화를 내고 말았다. 가게 주인이 난감한지 한쪽으로 자리를 피했다.

"맘에 드는 게 없으면 나가자."

퉁명스럽고 짜증 섞인 목소리로 효빈이에게 말을 던졌다.

"죄송합니다. 다음에 올게요."

나는 주인에게는 부드러운 말로 인사했다. 가방을 사지도 않으면서 이것저것 보여달라고 해서 미안했기 때문이다. 그런데 가게를 나온 효빈이가 울고 있었다. 갑자기 쿵 하고 가슴이 내려앉았다. 화가 가라앉기도 전에 미안함으로 바뀌나 싶더니 내 스스로 실망감이 들면서 마음이 아파오기 시작했다. 가게 주인 앞에서 심한 말을 들은 효빈이가 창피했을 거라는 생각을 그제야 했다. 어린 효빈이에게 버럭 화를 내놓고 가게 주인에게는 부드럽게 말한 내가 너무 싫었다. 효빈이는 분명히 크게 상처를 받았을 것이다. '내가 왜 그랬을까'하고 후회했지만 이미 엎질러진 물이었다.

"왜 가게에서 아무 말 하지 않고 그냥 있었어?"

"······마음에 드는 가방이 없다······ 말하려 했는데······ 주인에게 미안해서······."

매장에서 쇼핑을 해본 경험이 부족한 어린이라 "마음에 드는 가방이 없다" 하고 말하기가 망설여졌음을 알게 되었다. 가게 주인을 배려한 것이었다. 나는 빨리 사거나 안 사거나 해야 한다는 생각만 했었다. '효빈이를 잘 아는 척 착각한 엄마, 딸의 성향도 잊어버린 채 성급하게 버럭버럭하는 한심한 엄마구나' 생각했다.

오래전에 효빈이의 성향을 알아챌 기회가 있었다. 헬로 키티 인형이 아이들 사랑을 듬뿍 받던 1998년경, 다섯 살이 된 효빈이를 데리고 ○○시장 키티 가게에 갔다. 가게 안은 촉감 좋은 재질로 만든 분홍색과 새빨간색으로 만든 키티 제품이 가득 채워져 있었다. 세 벽면에는 천장까지 가방, 손지갑, 모자를 비롯한 다양한 키티 제품이 걸려 있고, 양쪽 테이블 위에는 키티 인형과 베개 같은 아동용 소품이 앙증맞게 놓여 있었다.

"효빈아, 진짜 예쁘지? 맘에 드는 거 골라봐."

"우와!"

나는 베개도 만져보고 인형도 들어보고 모자를 머리에 올려보며 효빈이에게 어떠냐고 물으며 신나게 구경하고 있었다. 마치 다섯 살 어린아이처럼. 나는 효빈이가 "엄마, 이거 너무 예쁘다. 우와, 저것도 예쁘다. 어느 거 고르지? 두 개 사주면 안 돼?" 하면서 정신을 못 차릴 거라고 예상했는데 그렇지 않았다. 가게로 들어오지 않고 입구에 가만히 서서 천장에 걸린 물건부터 테이블에 있는 물건을 왼쪽 위에서 오른쪽 아래까지 훑어보고 있었다. 한참을 한 자리에 꼼짝 않고 서서 동그란 눈으로 아무 말 없이.

얼마만큼 시간이 흘렀을까. 정면 벽에 걸린 가방을 손으로 가리키더니 "엄마, 저거" 하고 말했다. 주인이 내려준 가방을 살펴보니 작은 손잡이가 있어서 들고 다닐 수도 있고, 어깨띠가 양쪽에 달려 있어서 배낭으로도 사용할 수 있는 새빨간 털가방이었다. 그 가게에서 제일 예쁜 가방이었다. 나는 그 나이에 가만히 서서 세밀하게 살펴본 후, 마음에 드는 한 개의 상품을 고르는 효빈이의 탁월한 눈썰미에 놀랐다. 효빈이는 서두르지 않고 침착하게 머릿속으로 취사선택하는 신중한 아이였다.

몇 년을 키우면서도 다섯살 때 알게 된 아이 성향을 까맣게 잊고 지하 가방가게에서 아이에게 상처를 주고 말았다. 효빈이가 아주 작은 소리로 "다른 색깔 가방도 보고 싶은데……" 하고 말할 때 무슨 말인지 귀기울여 듣지도 않았다. 작게 말하는 이유가 무슨 의미인지 헤아릴 생각조차 못했다. 남에게 보이는 것이 더 중요하다는 듯 버럭 화를 내며 아이를 다그친 엄마였다. 타인에게는 친절하면서도 정작 친절해야 하는 내 아이에게는 함부로 말한 무식한 엄마였다. 나는 현명하고 푸근한 엄마가 되는 길은 아직도 한참 멀었구나 싶었다. 머리부터 가슴까지 먹먹해져왔다. 우는 효빈이를 안아주는 것 외에는 할 수 있는 것이 없었다.

"엄마는…… 그렇게 고운 네 맘도…… 모르고…… 정말 미안해……. 미안해."

시어스 부부는 아이를 바르게 키우려고 할 때 "아이의 눈에서 아이의 생각을 읽어라"고 양육 십계명에서 제시했다.

나는 효빈이의 눈높이로 접근하지 않았다. 효빈이의 생각도 읽지 못했다. 기다리는 것이 힘들다는 이유로 아이를 다그쳤다. 순전히 내 관점으로만 판단한 어리석은 엄마였다. 미안하다고 말하긴 했지만 곤히 잠든 아이의 모습을 보니 가슴이 찢어지는 듯했다. 나는 온종일 불편했던 내 마음을 '루루'에 간단히 남겼다.

'루루' 2005. 2. 11.
정말 미안한 날이다. 천사처럼 곱고 바다같이 마음이 넓은 너에게 큰 소리로 화내다니……. 효빈이는 가방 가게 주인 앞에서 "이건 이래서 싫고", "저건 저 부분이 싫다"고 말하기가 망설여져서 말을 못한 건데, 엄마는 그것도 모르고 빨리 안 고른다고 소리치다니……. 용서해줘. ……정말 미안해.

'루루' 2005. 2. 13.
엄마, 울면 안 돼. 혼내도 되니까…….

돈가스를 먹던 그 시간에도 너에게 미안해서 가슴이 찢어지는 줄 알았어. 저녁에 네가 활짝 웃으며 "괜찮아" 하고 말해주었을 때, 엄마는 울 뻔했어. 다그치고 화내는 행동. 꼭 고칠게.

며칠 후 효빈이가 마음을 표현했다.

"엄마, 울면 안 돼. 혼내도 되니까."

잘못을 저지른 어른을 열 살 난 아이가 감싸며 안아주는 형국이었다. 살면서 이처럼 내 가슴을 감동시킨 사람이 있었던가?

30년간 중학생들과 함께 하루하루를 보내고 있다. 담임을 할 때나 학년부장, 진로상담 교사를 하면서 알게 된 진리(?)가 있다. 학년부장을 할 때는 싸우다 불려와도 씩씩거리며 싸우는 학생, 가출했다가 며칠 만에 온 학생, 유흥가를 떠돌다가 부모님께 붙들려온 학생, 오토바이 절도로 경찰서에 갔다 온 학생, 욱하는 성질 때문에 친구를 때려 학교폭력 가해자로 징계받는 학생들과 그런 사건이 있을 때마다 '왜 그럴 수밖에 없었는지'를 들어주며 아이들과 이야기를 나누었다.

이런 아이들이 말하는 삶의 최우선 목표는 모두 같았다.

• 부모님께 효도하기

• 돈 많이 벌어서 부모님 집 사드리기

단 한 명도 예외는 없었다. 자기 행동이 잘못되었음을 인지하든 못하든 부모님을 향한 아이들의 효심은 내가 교직에서 보낸 기간 동안 변하지 않는 1순위였다.

자기 마음도 몰라준 엄마를 미워하는 게 아니라 오히려 "엄마, 울면 안 돼. 혼내도 되니까" 하면서 감싸주는 효빈이에게 엄마라는 존재는 어떤 것일지 나는 너무 궁금했다.

부모가 아이에게 버럭 화내는 횟수가 잦아지면 아이는 자책감이 높아지고 모든 일에 효능감이 낮아진다. 부모로서 내 아이가 그렇게 되도록 행동할 수는 없었다. 좀 더 기다려주고, 조용하게 들어주는 엄마, 지혜로운 엄마의 역할이 어떤 것인지 아이에게 배운 부끄럽지만 감사한 날이었다.

8.
솔직하기를 원한다면
엄마의 잘못부터 사과하기

　며칠 전에 걸린 감기로 쉬고 싶은 날, 퇴근 무렵 여든을 훌쩍 넘기신 친정아버지의 전화를 받았다. 여행을 마치고 김해공항에 내렸는데 짐이 많아 공항까지 올 수 있는지 물으셨다. 연로하신 아버지가 김해공항에서 양산까지 많은 짐을 들고 버스를 여러 번 갈아타고 가시기에는 무리다 싶었다. 공항으로 가서 친정아버지를 모시고 양산으로 가는 길에 진제에게 전화를 걸었다.

　"외할아버지 모셔다드리고 집에 조금 늦게 갈 것 같다. 네가 집 청소 좀 해줘."

　"네, 엄마."

　나는 친정아버지를 모셔다드리고 시부모님 저녁상을 차려야 했기에 부랴부랴 집으로 왔다. 거실이나 부엌을 보니 청소를 하지 않은 것 같았다. 진제는 컴퓨터 게임을 하고 있었다. 나는 진제에게 "청소했니?" 하고 짜증 섞인 소리로 물었다. 내 감정이 고스란히 진제에게 전해진 것 같았다. 진제는 기죽은 목소리로 "마른걸레로 닦았어요” 하고 대답했다. 나는 진제가 꼼꼼히, 야무지게 청소하지 않은 것 같아 화가 났다. 진제는 저녁 내내 내 눈치를 보고 있었고, 나는 기분이 나빠 말하고 싶지가 않았다. 저녁상을 다 치우고 내가 기분이 나쁜 이유를 곰곰이 생각했다.

'내가 왜 이렇게 화를 내고 있지?'

'진제는 내가 부탁한 대로 청소를 했다. 야무지게 하지 못한 것 같지만 그럴 수 있다.'

'청소한 아들에게 칭찬은 고사하고 짜증을 낸 건 나다.'

'진제는 아무 잘못이 없다.'

모든 잘못은 내 몸이 아파서 만사 귀찮은 것이 원인이었다. 통찰이 너무 늦게 왔다. 진제에게 너무너무 미안했다. 어른이 잘못한 경우, 다른 변명은 하지 말고 진심으로 사과하라는데 그때는 생각을 못 했다. 나는 짜증이 났던 상황을 변명하고 미안하다는 편지를 적었다. 진제에게 이미 상처 준 것을 후회하면서……

'루루' 2004. 9. 17.

진제야, 좋은 방법을 알면서도 너에게 짜증내는 엄마가 밉지? 사람이 살아가면서 주로 가족에게 큰 기대를 하나봐. 타인들에겐 관용적이면서 말이야. 엄마도 너에게 갖는 기대치가 너무 큰 거 같아.

오늘 외할아버지 전화를 받았어. 여행에서 돌아오시는 길에 "무거운 짐이 있으니 시간 되면 양산까지 좀 태워줄 수 있냐"고 하셨어. 엄마도 감기 때문에 피곤하고 힘들어서 집에 일찍 와서 자고 싶었지만 외할아버지 전화를 받고 보니 내가 자식이면서 잘해드릴 기회가 별로 없었다는 생각이 들더라고. 외할아버지는 팔순이 넘도록 엄마에게 이런 부탁을 하신 적이 거의 없었단다. 엄마는 외할아버지가 오늘처럼 "힘들다"고 하실 때 도와드리고 싶었어.

근데 귀가가 늦어지면 청소할 시간이 없다는 생각이 들었어. 엄마는 남자다운 포용력과 팔뚝 힘이 있는 네가 엄마를 대신해 청소해주기를 바랐기에 널 믿고 "방 좀 닦아줘" 하고 전화로 부탁했지. 너는 잠시도 망설이지 않고 "네" 하고 대답했지.

스피커폰으로 그 말을 들으신 외할아버지께서 참 믿음직한 손자라고 칭찬하셨어.

외할아버지를 모셔다드리고 나니 몸은 피곤해도 마음이 편하고 기분도 좋았어. 그런데 집에 도착하니 청소가 안 되어 있는 것 같았어. 엄마는 진제가 여태 컴퓨터 게임만 했구나 싶어서 화가 났어. '외할아버지를 모셔다드리고 온 엄마의 입장을 안다면 청소 정도는 당연히 도와야 하지 않나?'하고 생각했어. 엄마는 네가 청소를 안 한 줄 알고 "청소했니?" 하며 무뚝뚝하게 너에게 물었지. 그러고 나서 이리저리 둘러보니 네가 청소한 티가 나더라. 나중에 "마른걸레로 닦았어요"라고 조그마한 소리로 말하는 너에게 너무 미안하고 고마웠어. 다음엔 물걸레로 닦아주면 더 고맙겠는 걸.

근데 말이야. 지금 생각해보니 "청소했니?" 하고 물어본 엄마보다 선행을 내세우지 않는 너의 속이 더 깊어 보여. 엄마가 너에게 고맙다는 말도 안 하고 의심하듯 물어서 정말 미안해. 그리고 엄마의 부탁을 들어줘서 고마워. 엄마는 요즘 행복하다는 생각이 많이 들어. 가족 모두가 다 바르고 착하고 협동적이잖아.

진제야, 요즘 영어에 미술에 리코더 합주 훈련까지 준비하느라 바쁘지? '피곤하다', '힘들다'는 말 한마디 없이 꾸준하고 성실하게 생활하는 너를 보면 엄마는 기특하고 믿음직스럽단다. 엄마가 혼낼 때는 네가 미워서가 아니고 엄마가 속상한 일이 겹쳐서 그런 거니까 너무 마음 깊이 생각하지 마라. 널 무지무지 사랑한다. 우리 사이좋게 지내자.

일본 최고의 교육 설계사인 마츠나가 노부후미는 아이가 제대로 사과하고 반성하는 습관을 길러주기 위해서는 아이에게 어른이 자기의 잘못을 솔직하게 시인하고 사과하는 모습을 보이라고 했다. "상대가 어린이거나 지위가 낮아도 자신이 잘못했을 때는 솔직하게 인정하고, 깍듯이 사과해야 한다. 자신은 대충 얼버무리면서 불미스러운 일로 텔레비전에 나온 정치가한테만 욕을 하면 아들은 부모를 위선자라고 생각한다" 하고 조언했다.

내게 세상에서 가장 어려운 일은 나 자신을 다스리는 일이었다. 잘못했다고 말하기가 쑥스럽기도 했다. 그래서 '루루'에서 어설픈 사과를 했다. 부드럽게 소통하고자 몇 년째 애쓰고 있지만 잘 안 되고 있었다. '나는 언제쯤 좋은 부모가 될까?', '얼마나 더 훈련을 해야 할까?', '좀 더 애쓰자' 하는 각오를 깊이 한 날이었다.

9.
아이를 믿고 존중하면
좋은 관계는 덤

    사람은 돈, 학력, 나이와 상관없이 존재 자체로 존중 받아야 마땅하다. 사람들 외모가 다르듯 삶의 방식이나 사고방식도 제각각이기 때문이다. 아이를 양육하면서 '이건 이래야 한다', '그 경우에는 이것이 맞다' 하며 단정짓는 사고 패턴을 버렸다. 상대방이 하는 말이나 행동도 다 이유가 있을 거라 여기며 진심으로 귀를 기울이는 것이 중요하다는 것을 배웠다. 아이를 존중하는 나만의 방식 중 하나가 바로 경청하는 자세였다. 아이들이 하는 한마디 말에도 틀을 씌우지 않고 들어주고, 작은 행동이나 실수도 너그럽게 수용해 주었더니 아이들이 마음으로 다가옴을 느끼게 되었다.

    진제가 고등학교에 입학한 지 두 달이 되어갈 무렵이었다. 늦은 밤에 전화를 받았다.

    "엄마, 컵라면 먹다가 사감선생님께 걸렸어요."

    진제가 다니던 고등학교는 저녁 식사 후 밤 11시 40분까지 자습이었다. 저녁 9시에 간식시간이 있지만 한참 자라는 나이라 그런

지 자습이 끝나고 기숙사에 가면 항상 배가 출출하다고 했다.

"그래? 어쩌다가?"

"배가 너무 고팠어요."

"아, 배가 고팠구나."

"네. 근데 벌점 2점이래요."

"그래? 앞으로 남은 점수는 얼마야?"

"4점요."

"4점이 다 사라지면 어떻게 되지?"

"기숙사에서 쫓겨나요. 퇴사해야 해요."

"퇴사? 집에서 등하고 하는 거?"

"네."

"괜찮아. 벌점보다 중요한 건 민생고 해결이지. 벌점 걱정은 내려놓고 재밌게 지내."

"와아, 역시 울엄마 최고!"

통화 내용을 옆에서 듣고 있던 남편이 이렇게 말했다.

"허허, 고놈 참. 꼭 나 닮았군."

진제는 기숙학교에 적응하는 두세 달 동안 실수로 교칙을 어기기도 했고, 엄격한 기숙사 규율을 지키지 못해 사감선생님께 벌점을 받기도 했다. 한 번은 친구들과 자습 시간에 선생님 허락 없이 노래방에서 놀다가 혼난 적도 있었다. 허락 안 해 주실 게 뻔한데

노래가 너무 하고 싶어서 그랬다고 했다. 진제와 친구들이 엉뚱하긴 했지만 청소년기에 그럴 수 있는 일이라 생각했다. 인격적으로 문제 되지 않는 일, 다른 사람들에게 크게 피해 주지 않는 일이기에 나무라지 않고 그럴 수 밖에 없었던 사연을 들어 주었다. 자기를 지지해주는 부모 마음을 알게 된 진제는 주말 동안 학교에서 있었던 자기 실수를 재치 있게 엮어서 얘기해주었기에 듣는 재미가 쏠쏠했다. 선택에 대한 책임도 아이 몫이라고 믿고 기다려주었더니 좋은 관계를 덤으로 얻을 수 있었다.

아이를 존중하는 또 다른 방식은 아이가 추천하는 영화나 책을 본 후 내 느낌과 고마움을 구체적으로 말해주는 것이었다. 중학교 다니던 효빈이가 처음으로 영화를 추천한 적이 있었다.

"엄마, 우리 같이 영화 볼래?"

"뭔데?"

"말할 수 없는 비밀."

"엄마한테 말 못할 비밀이 어디 있어? 섭섭하네. 성인영화야?"

"ㅎㅎ. 엄마, 그게 아니고 영화 제목이 '말할 수 없는 비밀'이야."

온 가족이 거실에 모여 영화를 봤다. 대만 배우 주걸륜이 감독, 각본, 주연, 음악까지 주관한 로맨스 판타지 영화였다. 사춘기 효빈이가 좋아할 요소가 모두 들어 있었다. 나도 십대 감성으로 함께 즐겼다. 청소년 로맨스도 심장이 쫄깃할 정도로 참신했지만 '피아노 배틀' 장면에서는 숨도 쉬지 않고 몰입하면서 볼 정도로 재미있었다. 영화를 본 직후에 감동적인 부분을 구체적으로 말한 후 좋은 영화 추천해주어서 고맙다고 진심으로 말했다. "엄마, 다음에도 내가 좋은 영화 추천해 줄게"라고 말하는 표정에 뿌듯함이 가득했다.

자녀가 즐기는 영화나 책은 인생 경험이 풍부한 부모에게 유치할 수도 있다. 하지만 부모가 자녀 또래의 문화를 접할 좋은 기회라고 받아들일 수도 있다. 영상미, 스토리, 인간관계, 배우들의 열연, 배경음악 같은 것을 얘기하다보면 자녀의 인생관과 흥미, 관심사, 심미적인 안목이 어떤지도 알 수 있다. 자녀가 권하는 영화는 시간을 따로 내어서라도 반드시 보고 존중하는 맘으로 피드백해주면 관계가 정말 좋아진다.

최근에도 효빈이가 디즈니와 픽사의 명작 애니메이션 '코코'를 추천해주었다. 뮤지션을 꿈꾸는 소년 미구엘이 '죽은 자의 날'에 사후세계로 가서 특별한 모험을 하는 멕시코 영화였다. 영화를 보고 나서 저승은 어둡고 무섭고 캄캄하고 괴로운 곳이 아니라 이승보다 더 살기 편하고 즐겁고 특별한 곳일 수도 있다는 상상을 하게 되었다. 영화 막바지에 감동의 눈물을 흘리고 있는 순간이었다. 옆에서 나를 흘깃보던 효빈이가 말했다.

"엄마 울 줄 알았다. 나도 그 장면에서 울었거든."

자녀의 선택이나 제안을 믿고 수용하고 존중하는 마음으로 표현해 주면 마음의 벽이 무너져 세상 누구보다 가까운 인생 친구가 된다.

10.
민감성 높은 양육은
온정적 성격의 자양분

예전부터 어른들은 이렇게 말씀하셨다.

"자식이 태어나면 몇 년 정도는 남의 손에 맡기지 말고 어미가 키워야지."

핵가족과 맞벌이 부부들은 아이를 제 손으로 키우고 싶어도 현실적으로 쉽지 않다. 그러나 아이의 인생 전체로 보면 어른들의 말씀은 새겨들을 필요가 있다. 생후 삼 년, 적어도 육 년까지 민감성이 뛰어난 양육자의 보살핌으로 안정적인 애착이 생긴 아이들은 학령기, 청소년기, 성인기를 살면서 어떤 어려움도 잘 견뎌낼 수 있다. 그러나 양육자가 너무 자주 바뀌거나 민감성이 떨어진 양육자로 인해 불안정한 애착이 생긴 아이들은 조그마한 문제나 갈등도 이겨내지 못하고 심리적인 방황으로 이어질 확률이 높다.

직장에 다니느라 내가 아이들을 돌보지 못할 때 진제와 효빈이는 할아버지, 할머니의 엄청난 사랑을 받았다. 특히 성격이 소탈하고 긍정적이었던 할머니는 아이들 눈높이에 맞추어 재미있게 놀아주곤 하셨다. 아이들은 저녁마다 할머니 방에 들어가서 함께 노는 것을 좋아했다.

할머니는 효빈이와 진제가 4, 5세쯤 되었을 때 화투를 가르쳐주셨다.

"자, 봐라. 그림이 같은 화투가 네 장씩이다. 그림이 같은 것을 내면 바닥에 깔린 것을 가져올 수 있어."

아이들은 민화투, 육백, 고스톱을 할머니께 배웠다. 거의 매일 저녁 아이들과 할머니의 웃음소리가 끊이지 않았다.

직장 동료들이나 화투를 싫어하는 사람들은 아이들에게 화투를 가르치면 도박꾼이 된다고 걱정했지만 나는 너무 치나친 비약이라고 생각했다. 도박을 하지 않도록 제대로 된 가치관과 개념을 심어주면 될 일이다. 오히려 할머니와 함께하는 화투는 아이들에게 놀이였고 추억을 심는 시간이었다.

마츠나가 노부후미는 카드놀이가 아이들의 수학 실력으로 연결된다고 했다. 트럼프 같은 카드, 체스, 장기의 기본은 '전략'이니 화투도 같은 맥락으로 이해할 수 있다. 같은 그림을 짝짓는 민화투와 광, 십, 오, 쭉정이를 모으는 고스톱은 집합 개념이 들어 있다. 고스톱을 칠 때 자기에게 8월 십 자리가 있다면 고스톱 할 작전을 세우고 2월 새와 4월 까마귀를 노려야 한다. 상대방이 이미 광을 두 개 갖고 있다면 광을 주지 않기 위한 전략을 세워야 한다. 고도의 전략을 짜는 놀이인 것이다. 화투가 끝난 후에 점수를 계산하면서 계산 능력도 키울 수 있다. 아이들은 이기고 싶지만 자기 마음대로 안 되는 일도 있다는 것을 경험할 수 있다.

진제와 효빈이는 할아버지, 할머니와 함께 살면서 여기저기 아프다는 말을 바로 곁에서 듣고 살았기에 나이 드신 분들의 불편함을 잘 알고 있었다. 아이들은 할아버지, 할머니의 심부름을 해드리거나 등을 두드려드렸다. 길을 지나다 낯선 할아버지, 할머니의 짐을 들어드리거나 버스를 타고 내릴 때는 손을 잡아드리기도 했다.

내가 저녁을 차리면 아이들은 할아버지, 할머니 방으로 가서 "식사하러 오세요" 하고 식탁까지 모시고 왔다. 저녁 식사 후에는 과일을 준비했는데, 시부모님은 드라마나 뉴스를 보시느라 거실에 나오지 않으셨다. 두 분은 생활습관이 다르고 좋아하는 텔레비전 프로그램이 달라 방을 각기 사용하셨다.

효빈이가 세 살쯤 되었을 때 딱 한 번 작은 접시와 포크를 챙겨오게 했다. 그 후 효빈이는 내가 과일만 깎으면 접시와 포크를 가져와서 기다리다가 과일이 든 접시를 할아버지와 할머니 방으로 하나씩 배달했다. 식구가 많아서 해야 할 빨래도 많았고 마른 빨래를 개고 분류하는 것도 일이었다. 효빈이는 빨래 개는 법을 배우더니 할아버지 할머니 옷을 따로 개어서 방에 배달까지 해주었다. 외출할 때나 들어올 때는 반드시 할아버지, 할머니 방으로 가서 인사도 했다. 할아버지 할머니와 함께 생활하면서 자연스럽게 익힌 관심과 배려, 예의는 진제와 효빈이의 원만한 인간관계와 온 정적인 성향으로 자리 잡았다.

한 번은 이런 일이 있었다. 당시 부쩍 무릎 통증으로 힘들어 하시던 할머니가 일찍 외출 준비를 하시며 부탁하셨다.

"아가, 나 저기 버스 정류장까지 태워줄 수 있니?"

"네. 어머니."

빠듯한 시간에 길이 막히는 곳으로 갔다가 되돌아와야 했다. 효빈이가 지각할 것 같아 마음이 불안했다. 그런 상황에서도 효빈이는 "할머니와 함께 가니까 참 좋다" 하면서 할머니의 마음을 편하게 해드렸다. 할머니가 내리자 효빈이는 "엄마, 지금 가면 지각인데도 맘이 편하다. 내가 바라는 것이 있다면 할머니 다리가 좀 덜 아팠으면 하는 거야" 하고 말했다.

사춘기라서 자기 입장만 내세울 수도 있을 텐데, 효빈이는 언제나 그랬듯이 할머니를 위하는 마음이 각별했다. 며칠이 지났다. 등교하는 차 안에서 효빈이가 말했다.

"엄마, 오늘 백일장 하는데 뭐 쓰지?"

"글쎄? 며칠 전에 아침 지각 사건, 어때?"

"아, 그거? 생각해볼게."

그날 저녁 효빈이가 낮에 지은 시라며 나에게 들려주었다. 나는 다리가 아픈 할머니를 위하는 손녀의 따뜻한 마음과 지각해서 벌을 받을까 봐 두려워하는 마음이 잘 표현되었다고 칭찬해주었다. 며칠 후 효빈이는 그 시로 상을 받았고, 연말 학예회에 전시할 작품으로 채택되었다. 할머니를 사랑하는 효빈이 마음이 그 시에 그대로 드러났다.

행복했던 지각의 추억

박효빈

어이구 다리야
할머니 어서 타세요
이제 시간은 10분 남짓
내 마음은 초조해져만 간다

앉았다 일어났다 50번에
운동장 껌 종이도 주워야 할 텐데

다리 아픈 할머니를 차마……

엄마 차를
반으로 쪼갤 수 없기에

나는 지각을 하게 된다

편한 할머니의 표정이
내 얼굴에도 묻어날 때
내 행복의 공식은 비로소 성립한다

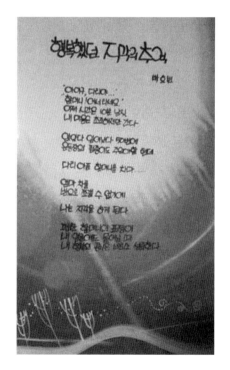

인성교육에서 잠재적 교육과정이 효과가 있다는 것은 누구나 안다. 잠재적 교육과정은 일종의 모방행동으로 우연히 엄마 행동을 본 아이가 '나도 엄마처럼 OO해야지' 하면서 스스로 배우게 되는 것을 말한다. 이 경우에는 강제성이 없으므로 내면화가 잘 된다. 그래서 그만큼 부모나 교사 등 가까운 주변인의 행동이나 말투가 큰 영향을 미친다고 볼 수 있다.

효빈이가 대학생이 되었을 때다. 집에 수리할 것이 있어 전자제품 기사님이 오기로 되어 있었다. 혼자 집에 있게 된 효빈이에게 기사님 오시면 문도 열어드리고 수리비도 계산하라고 당부했다. 그날 저녁이었다.

"엄마, 낮에 수리 기사님 오셨을 때 매실차 한잔 타 드렸어. 어릴 때 우리 집에 오는 사람들에게 엄마가 항상 차를 드리는 것을 봐서 나도 그렇게 하는 것이 자연스러운 것 같아."

"오호, 참 잘했네."

효빈이는 잊고 살아온 내 시간을, 사람을 대할 때 정성을 기울인 나를 기억하고 있었다. 나는 효빈이가 말이 아니라 행동을 보고 배워서 실천할 줄 아는 인성을 갖춘 딸로 자랐음에 감사한다.

Chapter

인성을 갖추고
지혜로운 아이로 키우는 법

사람은
가까이서 보면
누구나 모순되고 약한 존재들입니다.

말과 행동이 상황에 따라 다르고
누구 앞에서 이야기하느냐에 따라
다르게 말하며
타인에겐 잘하는데
가족에겐 오히려 함부로 대하고
가치관도 상황에 따라 금방 변하는 ......

성숙은
이런 불완전하고 앞뒤 맞지 않는 모습을
자기 스스로 돌아보면서
성찰하는 것에서 시작합니다.

-혜민스님-

1.
'아이 스스로 일어나기'로
평화로운 아침 열기

아이들이 취학하기 전에는 시어머니께서 돌봐주셔서 편하게 직장생활을 했다. 진제가 초등학교에 입학하면서부터는 아침마다 전쟁이었다. 출근 준비, 시부모님 밥상 차리기, 아이들의 등교 준비로 정말 바빴다.

가끔 "어머니! 밥 차리는 것 좀 도와주세요" 하거나 "여보! 아이 좀 깨워주세요" 하고 요청하기도 했다. 효빈이가 입학하면서부터는 아침마다 아이들을 깨우는 것이 하나의 일이 되었다.

'어머니와 남편 도움 없이 아이들 스스로 일어나게 할 수 없을까?'

'등교 준비를 아이가 하게 하려면 어떤 방법이 가장 좋을까?'

나는 고민 끝에 모든 가족에게 협조를 받기로 했다. 먼저 초등학교 저학년인 아이들에게 솔직하게 털어놓았다.

나: 너희들의 도움이 필요해. 엄마 좀 도와줘.

효빈: 어떤 것을 도와드리면 돼요?

나: 엄마는 새벽 시간에 할 일이 많아. 할머니, 할아버지 식사 준비, 출근 준비, 너희 깨우기 등등.

효빈: 엄마 힘들겠다.

나: 이 중에 하나만 도와줘.

진제: 말씀만 하세요, 엄마.

나: 너희가 도와줄 수 있는 것이 뭐가 있을까?

효빈: 우리가 스스로 일어나면 되겠네.

진제: 엄마가 크게 "일어나" 해주시면 일어날게요.

나: 아침에 큰 소리로 "일어나" 하면 아빠나 할머니, 할아버지께 소음처럼 들릴 수도 있을 거 같아.

효빈: 할머니, 할아버지가 주무실 수도 있으니까 조용히 말해야겠군요.

나: 응. 그래서 말인데. 내일부터는 작은 소리로 "밥 먹자"라는 말만 할게. 그 소리 듣고 일어나 씻고 식탁으로 와서 밥을 함께 먹으면 좋겠어. 어때?

효빈: 예. 좋아요. 그 정도쯤이야.

진제: 저도 할 수 있어요.

나: 정말 고마워. 아침 시간이 한결 수월해지겠네.

진제: 다른 것도 도와드릴 수 있어요. 엄마, 언제든지 말씀하세요.

나: 그렇게. 너희가 흔쾌히 도와준다고 하니 힘이 난다.

아이들: 오케이.

그다음에는 남편과 시부모님께 협조를 당부했다. 아이들 스스로 일어나는 습관을 만들어주고 싶으니 내일부터는 아이들을 깨우지 말아달라고 요청했다. 다음 날 조용조용히 아침상을 차리고 아이 방으로 들어가 종아리와 발을 주물러주었다. 뒤꿈치 자극이 피로를 푸는 데 효과적이라기에 꾹 눌렀다가 놓기를 반복해주었다. 그러고는 딱 두 마디만 하고 방을 나왔다.

"잘 잤어? 밥 먹자."

효빈이는 기지개를 켜면서 "네" 하고 바로 일어났다. 반면 진제는 "네" 하고 대답만 한 채 계속 누워 있었다. 남편과 효빈이, 나 이렇게 세 사람만 함께 아침을 먹었다. 시부모님은 아침 드라마를 다 보신 후 식사하셨다. 밥을 다 먹을 때까지도 안 일어나는 오빠를 걱정하며 효빈이가 물었다.

"오빠 깨울까?"

"아니, 혼자 일어나야지. 약속했으니."

효빈이는 '엄마 냉정하시네' 하는 듯한 눈빛이었다. 밥을 다 먹은 후 자고 있는 진제에게 다가가 "피곤한가 보구나. 좀 더 자. 엄마 먼저 갈게" 하고 효빈이를 데리고 현관을 나섰다. 깜짝 놀란 진제는 벌떡 일어나 세수도 하지 않은 채 가방만 메고 뒤따라 왔다. 나는 부스스한 머리에 겸연쩍은 표정인 진제에게 조용히 말했다. "피곤해 보이던데…… 일어났구나."

학교까지 태워주는 내내 진제는 약속을 못 지킨 자신을 탓하는 표정이었다. 진제가 내일은 스스로 일어나고자 다짐하리라 짐작했다. '아침을 못 먹어서 얼마나 배가 고플까?' 하는 내 마음은 숨기고 아무렇지 않은 척했다. 다음 날도 그다음 날도 나는 아이들 발을 마사지해주면서 "잘 잤어? 밥 먹자"라는 말만 했다.

시부모님과 남편도 협조를 잘 해주셨다. 한 번의 어김도 없이 며칠 만에 습관으로 자리 잡은 효빈이와 달리 진제는 간간이 늦게 일어나 혼자 버스를 타고 학교에 갔다. 당연히 지각이었다. 청소, 손바닥 맞기, 반성문 쓰기 같은 벌을 받았다. 시간이 얼마나 더 걸릴지 알 수는 없었지만 이 과정을 견디고 나면 진제 스스로 일어나는 습관이 생길 거라고 확신했다. 특별히 부탁을 드리지는 않았지만 공동 작전이 효과적이라는 나만의 계산이 있었기에 담임선생님이 더 호되게 꾸지람해주시기를 바랐다.

진제는 스스로 일어나는 것을 정말 힘들어했다. '늦게 일어나 아침을 안 먹고 등교하면 점심시간까지 배가 고파 힘들다', '지각하면 담임선생님 잔소리와 벌 때문에 친구들 보기 창피하다', '조금 빨리 일어나 밥도 먹고 여유 있게 등교하니 상쾌하다' 하는 생각을 수시로 하지 않았을까. 어떤 선택이 더 만족스러울지 몇 달 동안 깊이 경험했으리라 싶었다.

시어머니는 "아침밥은 먹여서 보내야지. 저 어린 것을……" 하면서 애달파 하셨다. 엄마인 나도 마음이 엄청 아팠지만 사랑하는 자식이기에 꾹 참고 내색하지 않았다. 본인이 챙겨야 하는 일들은 어릴 때부터 체화하는 것이 중요하다고 생각했다. 그렇게 몇 달이 지나자 진제 스스로 일어나는 습관이 생겼다.

20초 정도 다리와 발을 주물러주면서 "잘 잤어? 밥 먹자"라는 알람으로 우리 집은 각자 준비하는 평화로운 아침 풍경이 자리를 잡았다.

2.
의견 수용이야말로
용기 있는 아이로 키우는 지름길

중학교에 입학한 진제가 1학기 기말고사를 치르기 1주일 전이었다.

"엄마, 친구들이 제 머리가 좋은 거 같대요. 그래서 이번 시험은 공부하지 않고 수업시간에 들은 기억만으로 쳐보고 싶어요."

"그래? 머리가 좋다는 소리를 들었다고?"

"네. 진짜 머리가 좋은지 확인하고 싶어요."

"그래. 한번 해보는 것도 재미있겠네."

2학년이나 3학년 때보다 1학년 때 경험하는 것이 더 낫겠다 싶었다. 엄마의 동의를 얻은 진제는 그때부터 시험 준비는 하나도 하지 않고 게임만 했다. 시험 하루 전날까지도 정말로 당당하게(?). 그런 진제를 보며 괜히 동의했나 하고 살짝 후회가 되기도 했지만 일단 지켜보기로 했다. 시험이 끝나고 한 과목씩 성적이 나오자 진제는 조금씩 당황했다. 드디어 전체 성적통지표가 나왔다.

"결과 어때?"

"기억에는 한계가 있네요. 머리만 믿고 공부하지 않으면 낭패를 보네요."

"그래? 엄청난 걸 깨달았구나."

"엄마, 기다려주셔서 고마워요."

"다음 시험은 어떻게 준비할 생각이야?"

"한 3일 정도는 공부해야 하겠어요."

"3일?"

나는 할 말을 잃었다. 공부를 잘 하든, 못 하든 시험 준비는 한 달, 짧아도 3주는 해야 할 텐데, 3일이라……

2학기 중간고사 기간이 되었다. 진제는 정말로 3일 전부터 공부하기 시작했다. 결과는 공부하지 않았을 때보다 상승했지만 최우수 성적은 아니었다.

"진제야, 엄마도 다른 엄마들처럼 교무실에 떡 한번 돌리고 싶다. 보통 전교 1등 하면 떡을 돌리는 것 같던데……"

전교 1등 하는 것도 보고 싶었지만 공부에 관심을 좀 가졌으면 하는 바람으로 한 말이었다.

"엄마, 전교 1등은 맘만 먹으면 할 수 있어요. 외우기만 잘 하면 '올백'받아요. 근데 그건 진정한 학문이 아닙니다. 그래서 저는 전교 1등 안 합니다."

이건 또 무슨 요상한 이론인가? 전교 1등은 안 한단다. 못하는 게 아니고. 외우기만 잘 하면 좋은 성적을 받을 확률이 높다는 건 안다. 그런데 아이는 그 정도로 열심히 하지 않았다는 말 대신에 진정한 학문을 들먹거렸다.

"네가 말하는 '진정한 학문'은 어떤 걸 말하지?"

"그건요. 하고 싶은 공부를 자발적으로 하면서 궁금한 것이 생기면 찾아서 깊이 있게 하나하나 알아가는 그런 공부, 그게 진정한 학문이에요. 빨리 대학생이 되어 진정한 학문의 세계로 들어가고 싶어요."

"그러면 네가 중학교 다닐 때 엄마가 떡 돌릴 일은 없겠구나."

"네. 암기만 잘 하면 되는 시험은 그렇게 잘 치고 싶지 않아요."

당돌한 중학교 1학년이 아닌가? 우리나라 교육의 문제점과 한계를 정확하게 짚어내고 있었다. 나는 3일 공부하고 시험 쳐서 딱 그만큼만 결과를 내는 진제에게 반박할 말을 찾지 못했다. 진제의 말대로 중학교 졸업할 때까지 교무실에 떡을 돌리는 일은 없었다. 대학에 가서 진정한 학문을 할 진제는 게임으로 시간을 보내고 있었다.

세월이 지나 진제가 스물일곱 살이 되었다. 구정에 아이 둘과 남편, 나 이렇게 네 명이서 카페에 갔다. 멀리 떨어져 살고 있던 가족이 모여 서로 얼굴을 마주하고 이야기를 나누는 시간은 참으로 소중했다. 세뱃돈을 그냥 주는 것보다 좀 더 재미있게 전해주고 싶어 간단한 놀이를 하자고 했다. 우리 부부가 번갈아 질문하고 아이들은 대답을 하게 했다. 그 대답에 대해 피드백을 하면서 세뱃돈을 만 원씩 주는 놀이였다. 먼저 남편이 질문했다.

"지금까지 박진제로 살아오면서 가장 좋았던 것 두 가지를 말해다오."

"흠…… 네. 한 가지는 우리 집 분위기가 가끔 살벌한 적도 있었지만 대체로 화목해서 참 좋았어요. 두 번째는 하고 싶은 일이 있다고 하면 부모님이 반대하지 않고 언제나 해보라고 지원해주신 것이에요. 예를 들면, 제가 중학교 1학년 때 철없이 머리만 믿고 공부 안 하고 시험 쳐보고 싶다고 말씀드렸는데 엄마가 유쾌하게 '그래 보렴' 해주신 것이 아직도 기억에 남아 있어요. 평소에도 자주 그렇게 배려해주셨지요. 그래서 무엇이든 의논할 수 있었고, 살면서 어떤 일이든 용기 가지고 해볼 수 있었어요."

이 말을 듣자 감동이 밀려왔다. 그것을 살면서 가장 좋았던 일로 기억하고 있었다니. 이처럼 "해보고 싶다"고 할 때 "그래, 해봐" 하고 믿어주는 부모의 말 한마디만으로도 아이들은 무슨 일이든 해낼 용기가 생긴다.

진제와 효빈이는 같은 부분에 고마움을 표하기도 했다. 어릴 때 음악과 스포츠 기능을 익히도록 계속 지원해 준 것에 대해서였다. 덕분에 대학생활 동안이나 가끔 생기는 여가시간에 때론 음악으

로, 때론 스포츠로 새로운 시도를 하고 싶은 의욕도 생기고, 기본
기가 있어서 훨씬 쉽게 익히고 즐길 수 있었다고 한다.

초보 엄마였을 때, 아이를 어떻게 키워야 할지 잘 모르던 그때
'그렇게 위험한 것만 아니라면 경험하며 깨닫게 해줘야지. 경험으
로 얻는 것이 진정한 지혜다. 많은 경험을 쌓을 수 있도록 지원하
는 엄마가 되어야겠다' 하고 다짐했던 기억이 조용히 떠올랐다.
그때 나는 이 말을 아이들에게 하곤 했었다.

"무슨 일이든 경험해봐. 엄마는 언제나 너의 도전을 응원할
테니."

3.
다양하고 새로운 경험으로
사회성 키워주기

낮 2시, 진제의 전화 목소리에 걱정이 가득 묻어 있었다.

"엄마! 자전거가 사라졌어요."

"어디 두었는데?"

"버스 정류소에 세워두었어요."

"왜 학교 안에 안 가져가고?"

"학교에 자전거를 못 가져오게 하거든요."

"그래서 버스 정류소에 세워두었구나, 자물쇠로 잠그지 않았어?"

"아침에 급히 나오면서 열쇠를 못 챙겼어요. 그래서 버스 정류장에 자전거 뒷부분을 줄로 묶어두고 지각할까봐 뛰어들어갔는데 점심시간에 나와보니 없어졌어요."

"아, 바빠서 열쇠를 못 챙겼구나. 걱정되겠지만 수업 잘하고, 집에서 얘기하자."

'새로 산 자전거를 처음 타고 간 날 분실했다고?'

통화 중에 화가 났지만 일단 참았다. 그러고는 옆자리에 앉아 있던 허 선생님에게 말했다.

"평소 자기 물건 흘리고 다니더니 결국 새로 산 자전거를 타고 간 지 하루 만에……."

허 선생님은 아무 감정도 드러내지 않고 내게 되물었다.

"화가 나는 원인이 돈이 아까워서인가요? 제대로 못 챙기는 아들 때문인가요?"

"……."

"자전거 잃어버린 아이가 더 걱정하고 있지 않을까요?"

아무 말도 할 수 없었다.

'왜 화가 나지?'

동료 선생님의 말은 어리석은 감정에서 한 발 물러나 이성을 찾도록 도와주는 예리한 지적이었다.

'자전거는 이미 잃어버린 상태다. 진제는 원래 물건을 잘 못 챙기는 편이다. 아침에 열쇠를 안 챙겨준 내 잘못도 있다. 잃어버린 사실을 알자마자 전화한 것은 크게 걱정하고 있다는 것이다. 새로 산 비싼 자전거를 처음 타고 간 날에 잃어버린 진제가 더 힘들겠네.'

하나하나 짚으며 생각하다 보니 아이가 느꼈을 불안감과 걱정이 고스란히 내게 전해졌다.

진제: 엄마! 자기 물건이 아닌 것을 가져가는 사람의 심리는 뭐죠?

나: 그러게 말이야. 어릴 때 그것에 대해 배우지 못했을까? 아니면 형편이 어려워서 그랬을까? 이해가 안 된다. 그지. 근데 네 교통수단을 하루 만에 잃어버렸네

진제: 네. 아까워 죽겠어요. 아까 옆 골목에 똑같은 게 있었는데 내 것은 아니겠죠?

나: 아마도. 똑같이 생긴 자전거는 많으니까.

진제: 내일부터 여기저기 다니면서 찾아볼래요.

나: 네가 어떤 표식을 해두었으면 찾기가 쉬울 텐데, 혹시 그런 거 있니?

진제: 아니요. 그냥 색과 모양, 새 것.

나: 찾기 힘들겠다. 근데 네 것처럼 보이는 자전거를 보면 그 사람을 의심할 수도 있겠네. 그게 걱정이네.

진제: 그럴까요? 꼭 찾고 싶은데 어떻게 해야 할까요?

나: 글쎄. 내일 그 자리에 자전거가 와 있으면 제일 좋을 텐데…….

진제: 우리가 신경 써서 샀는데 잃어버려서 아빠에게 너무 죄송해요.

나: 신중하게 골랐는데……, 아빠에게는 사실대로 말씀드리자. 이해해주실 거야. 네 잘못이 아니니까. 만약에 찾을 수 없다면 어떻게 생각해야 마음이 편해질까?

진제: 글쎄요. 가져간 것을 누구에게 줬다고 생각할 수도 없고…….

나: 진제야, 필요한 사람에게 선물로 줬다고 생각을 바꾸는 거 어때?

진제: 잘 될까요.

나: 잘 안 되더라도 마음 편해지는 것이 중요하니까.

진제: 근데 열쇠 못 챙긴 저에게 화가 나요.

나: 그래? 그걸 미처 못 챙겨준 내가 더 미안하다. 근데 자꾸 생각하다가 네 건강 해칠까 염려된다.

진제: 며칠은 잠 못 잘 거 같아요.

그로부터 일주일 동안 진제는 하교할 때 40분씩 걸어 다니면서 학교 인근에 세워둔 자전거만 보고 다닌 듯했다. 저녁마다 비슷한 자전거를 본 느낌을 이야기하며 근 두 달 이상 미련을 못 버리고 있었다.

나: 오늘도 걸어왔어? 건강해지겠다.

진제: 시간은 좀 걸려도 다리가 튼튼해지는 느낌이에요. 엄마, 돈 좀 빌려주세요. 인터넷으로 검색해보니 잃어버린 것의 반값 정도 되는 자전거가 있어요. 그걸 사서 타고 다닐게요. 빌린 돈은 용돈을 받아 다달이 만 원씩 갚겠습니다.

나: 그렇게 해볼래? 현명하네. 우리 아들.

진제: 그런가요. 하하.

이 일로 중학교 2학년 진제는 사고가 크게 성숙해졌다. 비싸게 치른 경험이었다. 옳고 그른 행동의 범위, 개인의 행동가치, 자기 실수로 다른 사람 오해하지 않기, 자기 물건 챙기기 같은 것들을 배웠다. 그 후로 진제는 두 번 다시 자전거 자물쇠 채우는 것을 잊지 않았다.

4.
간섭보다는
목표를 세우도록 대화하기

중학생이 된 진제는 친구들과 어울려 피시방을 자주 갔다. 당시 많은 남자 중학생들이 피시방에서 게임을 했고 학교에서도 대화 내용이 대부분 게임이라 했다. 엄마라고 해서 피시방 출입에 대해 제재를 가하는 것은 중학생의 문화를 모르고 하는 조치인 것 같아 말하기가 매우 조심스러웠다. 하지만 흡연실, 금연실이 따로 없어서 피시방에 있는 동안 담배 연기를 마실까봐 걱정이 되었다. 여러 번 이야기해보았으나 게임을 좋아하는 진제에게 담배 연기는 전혀 문제가 되지 않는 것 같았다.

그날은 영어 학원에 가는 날이었다. 당시 진제는 외국인과 대화하는 방식으로 운영되는 학원을 다니고 있었다. 그런데 진제가 오지 않았다고 학원에서 연락이 왔다. 기다리는 동안 속이 부글부글 끓었다. 영어 학원 마치는 시간에 맞춰서 귀가한 진제를 보자 화가 났다. 잠시 화를 다독이고 상황을 알고 싶어서 '루루'를 가져오게 했다. 1, 2, 3번의 항목에 답을 달게 한 후 이야기를 이어나갔다.

'루루' 2005. 9. 28.

4시 30분에 학교 마치고 CH랑 피시방으로 가서 8시 20분까지 게임을 했다. 피시방의 이름은 물고기 피시방이었고 같이한 게임은 스타크래프트, 그 후 9번 버스를 타고 집으로 왔다.

1. 잘못한 점: 무단으로 학원 안 가고 피시방 갔다가 늦게 들어온 점. (댓글: 그래도 거짓말하지 않아서 다행스럽다)

2. 집에 와서 할 일: 9시 이전까지 피아노 연습, 신문 사설 적기 또는 워드로 치기, 가방 챙기기(숙제, 도시락 꺼내 담가두기)

3. 나에게 있어서 부모란: 인생의 선배이자 잘못된 일을 꾸짖고 나를 도와주시는 사람, 물질적·정신적으로 풍요롭게 해주시는 사람, 나를 사랑해주시고 나도 사랑하는 가족(낳고 길러주시는)

진제가 쓴 답을 보고 자신이 해야 할 일을 하지 않은 점, 영어 학원 선생님을 기다리게 한 점 등에 대해 조용하지만, 평소보다 심하게 꾸짖었다. 게임을 하고 싶은 마음은 충분히 이해가 되었으나 연락도 없이 학원을 빠진 것에 대해서는 잘못을 짚고 넘어가야 했다. 때마침 그 시기에 여러 가지 일들로 내 감정이 예민해져 있어서 부드러운 말이 나오지 않았다. '루루'를 시작할 때 화내지 않기로 약속했는데, 아이를 꾸짖고 나니 미안하기도 하고 마음이 많이 아팠다.

진제야.

너를 혼내고 나니 엄마 마음이 많이 아프다. 요즘 내가 너무 날카로워서 스스로
도 놀라고 있다. 행복하다고 생각했는데 여러 가지 일로 우울한 날들이 많아지
네. 네 잘못이 그런 엄마를 더 화나게 했어. 앞으로는 연락 없이 학원을 빠지지
않기 바란다.

넌 엄마에겐 삶의 의미이고, 아빠에게는 미래, 동생에게는 희망이자 의지하는
대상인 거 알지.

엄마와 한 약속은 꼭 지켜주기 바란다. 엄마의 아픈 마음은 너와 다정하게 대화
할 때 치유가 어느 정도 되니까.

널 믿고 사랑하는 엄마가

평소처럼 진제는 아무런 답글을 적지 않았다. '루루'는 답글을
적고 안 적는 것조차도 자신의 선택이었다.

영어 학원을 안 간 날로부터 삼주 정도 지났을 때였다. 여동생의
운동회 날 아침에 진제는 시험 기간이라 일찍 마친다면서 점심을
먹으러 오기로 약속을 했다. 그런데 점심시간 내내 아무리 기다려
도 진제는 연락도 없이 나타나지 않았다. 그래서 '루루'에 다음과
같이 글을 남겼다.

새벽 5시 30분에 일어나 동생 운동회에서 먹을 김밥을 말았다. 네가 "시험 마치고 나도 갈게요" 하기에 4인분을 준비했다. 1시 50분이 넘도록 아무 연락도 없이 너는 오지 않았다. 못 올 상황이면 전화를 해달라고 했는데 연락도 없이 안 오니 무슨 일이 일어났나 싶어 걱정되고 불안했다. 2시경 네 밥을 가지고 너희 학교에 갔더니 다른 아이들은 보이는데 네가 안 보였다. 섭섭하고 걱정되고 네가 점심을 안 먹었을 거 같아 맘이 불편했다. 결국, 너를 못 만나고 엄마는 근무하러 갔다. 아직도 궁금하다. 왜 약속을 어겼는지???

　　이번에도 진제는 아무런 답글을 적지 않았다. 아마 친구들과 시험 끝나자마자 피시방에 가서 게임을 하고 온 것이리라 짐작했지만 입 밖으로 꺼내지는 않았다. 청소년기에 진제의 피시방 출입에 대한 부분은 참으로 고치기 어려운 행동이라고 생각했다. '얼마나 더 시간이 지나야 할까?' 하는 생각에 다시 글을 남겼다.

"진제야, 앞으로 변화하는 모습 기대한다. 사랑한다."

3일간 시험 기간임에도 불구하고 너는 잠도 많이 자고, 게임을 하는 시간도 길었다. '성적이 그리 중요할까?' 하는 생각이 들기도 했지만, 진제가 피시방에서 게임하는 것으로 시간을 낭비하는 것을 그냥 두고 보는 일, 자기 진로를 준비하지 않는데도 그냥 두고 보는 엄마는 방관자 같아 엄마 자격에 회의가 생긴다.

어젯밤 대학원에 갔다가 집에 오니 진제의 반가운 목소리. 그런데 "엄마, 나 오늘 한 개 틀리고 다 맞았어요"가 아니라 "아홉 개 틀렸어요"라고 했다. 정말 섭섭했다. 엄마가 욕심이 큰가? 마음의 끈을 어디서부터 다시 잡아야 하나?

마지막 시험까지 다 치른 후 진제는 다음과 같은 기록을 남겼다. 오랜만에 진제의 마음을 들여다보는 듯 반가웠다.

'루루' 2005. 10. 13.

엄마, 죄송하다는 말밖에 쓸 말이 없네요. 진짜.

조금이라도 공부를 더 했더라면 이것보단 훨씬 잘 나왔을 텐데······. 시험 전날은 다른 날보다 더 빨리 자지를 않나, 시험은 잘 치지도 못하고, '제 잘못은 제가 제일 잘 알 텐데 왜 이럴까?' 하고 생각은 하면서도 공부는 오래 지속이 안 되네요. '공부 하나도 안 했을 때랑 공부를 열심히 했을 때와 얼마만큼 차이가 날까?' 궁금해서 알아본 적도 있었지요. 그때 결과에 엄청난 차이가 있다는 것을 느꼈어요. 공부가 꼭 인생의 첫 번째는 아니지만, 학생의 본분은 공부이기 때문에 기말고사 때는 열심히 해서 반드시 이번 시험보다는 잘 쳐보도록 하겠습니다.

구체적인 행동을 반성한 것을 보니 마음이 놓였다. 말해주지 않아도 진제는 다 알고 있었다. 나는 그동안 간섭하지 않고 잘 기다렸구나 하고 안도했다. 하지만 그때뿐이었다. 이 시기에 진제는 24시간 내내 스타크래프트 게임에 대한 생각으로 꽉 차 있어서 이

후에도 게임 시간을 조절하지 않았다. 다음은 그때의 글이다.

'루루' 2005. 10. 23.

1. 네가 엄마하고 지난번에 한 약속은?

…… 영어 학원에 연락 없이 빠지고 놀지 않기. 근데 5시간 놀았어요.

2. 그 약속을 어긴 어제와 오늘 너는 어떤 생각을 하는지?

…… 어제 놀기 직전에는 학원을 오늘까지만 쉬고 내일부터는 꼭 가자고 생각했는데 막상 시간이 되니 '오늘 하루 정도는 빠져도 되겠지' 하는 생각을 했어요. 게임을 하는 그때가 재미있긴 했지만. 지금은 그러면 안 된다고 생각해요. 시간을 약간 줄여서라도 학원에 갔다가 왔어야 했는데…… 제 자신이 왜 이러는지…… 할 말이 없네요.

진제가 쓴 글에서 게임은 자신도 어떻게 조절할 수 없을 정도로 심각한 고민임을 스스로 알고 있다는 게 느껴졌다. 진제에게는 게임이 그 정도로 재미있다는 말이었다. 화를 낸다고 해결될 일이 아니었다. 어떤 일에 빠져 있을 때 주변에서 이를 지적하는 것은 오히려 반항만 부추길 뿐이다. 그래서 다음과 같이 글을 남겼다.

너 자신이 시간 관리를 계획대로 못하는 것 때문에 마음이 많이 불편한가 보구나. 청소년기는 자제력이 부족한 시기라 그럴 수 있다더라. 이런 시행착오를 겪으면서 시간 관리나 미래를 대비하고 실천할 수 있으리라고 생각한다. 너의 판단을 믿고 있을게. 진제야.

중학교 1학년, 스타크래프트 게임에 푹 빠진 진제의 건강 걱정이 앞섰다. 밤 10시쯤 게임을 하는 진제에게 잠깐 이야기를 하자고 했다. 진제는 "잠깐만요" 하더니 한 시간이 지나고 나서야 컴퓨터를 끄고 거실로 왔다. 게임하는 아이들에게 '잠시'라는 의미는 적어도 30분 이상을 의미하니 참고하라는 말을 전문 강사에게 들은 기억이 나서 한 시간을 기다릴 수 있었다.

"진제? 진짜 오래 기다렸다. 힘들다."

"죄송해요. 엄마, 팀 게임이라서 저 혼자 나올 수가 없었어요."

"아, 그런 거였구나. 몰랐네. 엄마는 걱정이다. 며칠 전 피시방에서 긴 시간 게임하던 이십 대 중반 젊은이가 다리에 혈전이 막혀 사망했다는 뉴스를 봤어. 우리 진제가 혹시 그런 위험에 노출될까 봐 엄청 걱정돼."

"엄마, 그 사람하고 저는 달라요. 학교에 갔다가 집에 오는 시간이 있으니 염려 마세요."

"근데, 왜 그리 긴 시간 동안 매일매일 게임을 하는 거니?"

"엄청나게 재미있어요. 엄마."

이 말을 하는 진제의 얼굴에 행복이 가득 묻어났다.

'아, 정말 엄청나게 재미있구나.'

나는 아무런 말을 할 수가 없었다.

"그렇다면 혹시 커서 프로게이머 될 생각이니?

"아니요."

"왜? 전문가들 의견으로는 재미있는 것을 직업으로 삼는 것이 가장 바람직하다던데……."

"엄마, 프로게이머의 직업 수명은 이십 대 중반이나 후반이면 끝이에요. 신예들이 자꾸 생기거든요. 그래서 직업으로는 적합하지 않다고 생각하고 있어요."

"그러면 뭘 하고 싶은데?"

"수학자? 아직 잘 모르겠어요."

"잘은 모르지만, 수학자가 되고 싶구나. 그러려면 어떤 고등학교로 진학해야 유리할까?"

"아마 한국과학영재학교나 과학고등학교?"

"그렇다면 게임 시간을 조금 줄이고 그 고등학교로 갈 준비를 하는 건 어때?"

"할 거예요. 좀 더 있다가."

그로부터 근 일 년 하고도 몇 달 동안 진제의 하루는 달라진 게 없었다. 매일 저녁 스타크래프트 게임에 몰입하는 진제를 보면서 나는 진제가 '언제쯤 게임이 아닌 공부에 몰입할 수 있을까' 하고 생각했다. 진제를 키우면서 가장 힘든 시기였다.

다시 진제와 마주 앉아 얘기했다. "부탁 하나만 하자. 자는 시간을 열두 시 이전으로 했으면 하는데 어때?"

"예. 그럴게요. 게임하는 시간을 줄이겠습니다."

그날 이후 진제는 게임 시간을 두 시간 정도 줄이고 일찍 잠자리에 들었다. 내 기분은 전보다 좋아졌고 걱정도 줄어들었다.

진제가 대학생이 된 어느 날 효빈이에게 어이없는 이야기를 들었다.

"엄마, 오빠 중학교 때 게임 시간 줄이고 일찍 잔 거 기억나지?"

"응, 기억나. 왜?

"놀라지 마. 엄마가 잠들면 새벽 두 시쯤 일어나 아침까지 게임을 하곤 했어."

"정말? 나만 모르고 넌 알고 있었어?"

"응. 어느 날 새벽에 엄마가 오빠 방에 가서 '오늘 일찍 일어났네' 하고 말했을 때 오빠가 깜짝 놀랐대. 엄마에게 들킨 줄 알고."

"정말? 난 감쪽같이 속았네."

밤새 게임하고 학교 마치고 또 피시방에서 게임하고……. 진제는 중학 시절 내내 스타크래프트에 푹 빠져 살았다. 그러던 진제의 행동이 바뀐 시기는 진학 목표가 생긴 3학년 6월경이었다. 게임을 완전히 접고 공부에만 집중해 과학고에 합격했다. 적성에 딱 맞는 과학고등학교로 진학했으니 이제부터는 저절로 굴러갈 인생이라 확신했다.

'그동안 나는 안 해도 되는 간섭이나 걱정 혹은 불안한 마음을 아이 탓으로 여기고 나무란 적이 너무 많았구나. 가만히 둘 걸.'

5.
한 달 용돈으로 키우는
자기조절 능력

내가 중학교 다닐 때 한 달 중에 제일 기다려지는 날이 있었다. 어느 누구의 손도 거치지 않은 신권이 든 하얀 봉투, 신학기에 새로 산 공책을 펼칠 때처럼 행복한 설렘으로 기억된 날, 용돈을 받는 날이었다. 동생에게 용돈을 주면서 반드시 신권을 챙겨 오는 오빠의 정성은 내가 소중한 존재임을 매달 각인시켜 주었다. 그래서였을까.

아이들이 돈에 대한 개념을 어느 정도 가지게 된 것은 3, 4학년 때였다. 경제교육이 필요하다 싶었다. 쓸 곳에는 쓰고 안 써도 되는 곳에는 아끼는 경험을 했으면 했다. 용돈으로 씀씀이를 배울 수 있게 가르쳐주고 싶었다. 그 전까지는 어리다고 생각해서 필요할 때마다 돈을 주었다. 그러나 매일 돈을 준비하는 일은 번거로웠다. 필요할 때마다 받는 하루 용돈은 한 달 동안 얼마나 쓰는지 따로 계산을 해봐야 안다. 규모를 알기 어렵다는 단점이 있다.

일주일 용돈은 번거로움은 덜하지만 돈이 많지 않으므로 이틀쯤 되었을 때 다 써버릴 수 있다. 한 달 용돈은 좀 많이 받는 느낌이 든다. 많이 받는 순간 기분도 좋다. 한 달 동안 그 돈을 어떻게 쓸 것인지, 한 달 후에는 어떻게 썼는지 알아보면서 돈 관리를 해볼 수 있다. 대학생이 되면 아르바이트를 해서 벌 수도 있고, 취업하면 월급을 받으므로 어릴 때부터 한 달 용돈으로 돈을 관리해보는 것이 좋지 않겠냐고 아이들에게 설명했다.

"한 달 용돈은 자기가 사고 싶은데 약간 비싸거나 특별한 물건을 살 수 있는 장점도 있지!" 하고 덧붙이자 아이들은 한 달 용돈을 받는 것에 동의했다.

"이 A4 용지에 한 달 예산 적어 오기."

"예산이 뭐예요?"

"한 달은 평균 삼십 일이지. 하루에 필요한 돈을 계산해서 한 달 (30일)을 곱하면 얼마가 필요한지 금액이 나오지. 그게 예산이야. 하루에 드는 돈을 예로 들면 엄마가 아침에 태워주지만 등하교 버스비를 포함한 왕복 차비와 간단한 과자, 음료수, 그리고 자주 사는 학용품 정도를 생각하면 돼."

"음료수는 매일 사 먹어도 돼요?"

"과자 사 먹어도 돼요?"

"당연히 되지."

"비싼 준비물이 필요하면 그건 따로 줄게."

아이들은 마치 놀이를 하듯 신나게 예산을 짰다. 한 달 용돈을 받아 마음대로 쓸 수 있다는 말에 흥분한 모습이었다. 아이들 예산에서 친구 생일잔치에 가는 내용이 빠져 있었다.

"친구 생일잔치 한 달에 한두 번 있는 거 같던데……."

"두 번 갈 때도 있지만 한 번도 없는 달도 있어요."

"그러면 그건 평균 두 번 정도 넣어서 예산을 세우는 게 좋을거야. 남는 돈은 횡재지."

아이들은 내가 예상한 것보다 알뜰하게 예산을 세웠다. 날마다 몇 백 원 정도 받고 다녔지만 한 달 용돈은 삼만 원 이상이었다.

"예산 세운 것보다 오천 원 더 넉넉하게 줄게, 혹시 특별한 일이 생길 때 특별금액을 요청하면 더 줄 수 있어."

용돈을 주기 몇 달 전 우리 가족은 U&I 학습 유형 검사를 했다. 효빈이는 재치 만점 말썽쟁이로 나오는 '행동 이상형'이며 기본욕구는 즐거움이라고 나왔다. 진제는 '행동 탐구형'이며 지식에 대한 탐구심이 강한 진리 탐구가 기본 욕구라고 나왔다. '행동규범 이상형'인 나와는 달랐다. 강사는 U&I 학습 유형이 다르므로 아이 유형에 맞추어 지원하면 갈등이 덜할거라고 조언을 해주었다. '행동'으로 분류된 경우에는 활동적인 성향이 강하다고 나와 있었다. 이 성향은 돈이 필요하니 용돈을 두 배 정도 더 주면 자신감이 높아짐은 물론, 친구 관계도 좋아진다는 것이었다. 예산도 넉넉하게 세우라고 하고 오천 원을 더 주게 된 이유는 U&I 전문가가 들려준 조언의 영향이었다. 나는 아직도 많이 모자라는 엄마였기에 전문가의 조언은 거의 다 수용했다.

"우와, 돈을 이렇게 많이? 오빠야, 기분 좋지?"

"응, 한꺼번에 몇만 원씩 받으면 진짜 좋겠다."

"이번 달부터 매달 십칠 일에 한 달 용돈을 줄 거야."

"네."

이렇게 정해진 용돈을 준 첫 달. 효빈이는 조심스럽게 나누어 쓰는 반면 진제는 예상대로 십오 일도 되기 전에 다 써버렸다. 모른 척하고 있으니 진제가 어느 날 조심스럽게 다가왔다.

"엄마, 저……."

"응, 그래. 무슨 할 말 있어?"

"제가 이번 달 용돈을 다 써버려서 차비가 없어요."

"그래? 어쩌다가?"

"돈이 많다 보니 기분이 좋아서 이것저것 사먹고 친구들도 사주고 그랬어요."

"한 달 용돈을 받아보니 나누어 쓰는 게 어렵지?"

"네. 이렇게 될 줄 몰랐어요."

"처음에는 그럴 수 있다고 생각해. 내일부터 차비도 없는데 어떻게 할 생각이지?"

"엄마, 다음 달 용돈을 만 원만 먼저 주세요."

"만 원으로 십오 일을 살 수 있을까?"

"아껴서 살아볼게요. 모자라면 그때 다시 말씀드릴게요."

"그래. 다음 달 용돈을 미리 빌려주는 거 기억해."

그날부터 진제는 그렇게 좋아하던 음료수도 안 먹고 하교할 때 교통비만 쓰면서 살았다. 만 원이 적게 들어간 다음 달에도 알뜰 생활은 계속되었다. 두 달이 지나고 나서 아이들에게 물었다.

"용돈 받아 한 달 동안 써보니 어때?"

"처음에는 돈이 너무 많은 것 같아서 마구 썼고 며칠 안에 다 쓰고 보니 정신이 바짝 들더라고요. 엄마가 안 빌려주셨으면 걸어 다닐 뻔했어요."

"오빠가 덜렁대는 것을 보고 나는 돈을 잘 나누어 써야겠다는 것을 배웠어요. 아껴 써서 저는 아직 남아 있어요."

한 달 용돈으로 씀씀이를 조절하게 된 아이들이 대견스러웠다.

조심성 있고 세심한 효빈이도, 돈에 대해서는 별 욕심이 없는 진제도 용돈 받는 날을 기다렸고, 용돈을 주면 정중히 두 손으로 받으며 "엄마, 감사합니다" 하고 인사했다. 그런데 용돈을 받은 처음 몇 달은 만족하더니 여러 달이 지나자 약간 불평이 나왔다. 다른 친구들의 일일 용돈과 자신들의 한 달 용돈을 계산해보고는 친구들의 용돈이 더 많다고 하는 것이었다. 그러나 우리들의 협의로 정해진 한 달 용돈은 약속이었기에 그대로 계속되었다.

그 후 중학교에 입학할 때 예산을 다시 세우게 했다. 씀씀이가 달라지기 때문이었다. 아이들은 이번에도 알뜰하게 예산을 세웠다.

"중학생이 되면 교통비도 오르고 쓸 일이 더 생길 거야. 너희가 세운 예산보다 만 원을 더 올려줄게."

중학교 용돈은 초등학교의 두 배 정도로 주었다.

아이들이 고등학교 입학을 앞둔 시기에도 예산을 다시 세우게 했다. 지속적으로 한 달 용돈을 받은 아이들은 한 달 내내 규모 있게 쓰면서 돈을 관리하는 법을 익혔다. 이 사례는 용돈을 효율적으로 쓰는 법을 체득하게 하기 위한 일이지만 이 방식을 경험한 아이들은 다른 일에도 향상된 자기조절 능력을 발휘했다.

〈용돈을 줄 때는······〉

① 매달 일정한 날을 정한다.
② 예쁜 봉투를 준비한다.
③ 가능하면 지폐를 신권으로 가지런히 정돈하여 넣는다.
④ 봉투나 메모지에 사랑이 넘치는 문구를 적어 넣는다.
⑤ 미소 띤 표정을 지으며 두 손으로 전한다.

6.
실수를 해도
격려해주고 지지해주기

올케 셋은 부엌에서 사과와 배를 깎거나 설거지를 하고 있었다. 언니 둘과 나는 다 먹은 저녁상을 정리했다. 조카들은 설거지할 그릇들을 부지런히 부엌으로 날랐다. 친정아버지 생신이었다. 아들, 며느리, 사위, 딸, 친손주, 외손주들을 만나는 이런 시간을 친정아버지는 가장 흡족해하셨다. 우리는 모두 다과상 주위에 둘러앉아 아무 말 잔치를 하며 웃음꽃을 피우고 있었다. 군인인 둘째 오빠 진급은 어떻게 되어가고 있는지, 교사인 셋째 언니는 학교생활하면서 어려움이 없는지, 둘째 언니 딸은 대학생활을 어떻게 하고 있는지 등 서로 안부를 묻고 즐겁게 얘기를 나누었다.

내가 사과 한 조각을 집어 드는 순간 진제가 옷을 당기기 시작했다. 얘기할 것이 있구나 싶었다. 진제와 함께 작은 방으로 들어갔다. 진제의 얼굴은 걱정으로 꽉 차 있었다.

진제: 어머니, 드릴 말씀이 있어요.

나: 그래, 그런 거 같더라. 무슨 일 있어?

진제: 오늘 청소시간에 무용실에서 애들이랑 코등이로 축구를 하다가 벽면 거울을 깼어요.

나: 아이고, 저런. 다친 사람은?

진제: 없어요.

나: 다친 사람이 없어서 다행이구나. 선생님께 말씀드렸니?

진제: 네.

나: 선생님이 뭐라고 하시든?

진제: 조심성 없다고 엄청 혼났어요.

나: 어땠어? 혼날 때.

진제: 제가 그걸 왜 찼는지 엄청 후회했어요.

나: 후회하겠다. 엄마라도.

진제: 네. 내일까지 거울 값을 가져가야 해요.

나: 얼마나 되는데?

진제: 벽면 전체 거울이라서 좀 비싸대요. OOOO원

나: 학교 공공기물이니 거울 값은 당연히 물어야지. 엄마가 줄게.

진제: 정말요? 어머니! 감사합니다. 용돈 모아서 갚을게요.

나: 그 생각 기특하네. 또 다른 일은?

진제: 없어요. 엄마! 고마워요.

나: 그 일 때문에 아까부터 네 표정이 어두웠구나. 엄마는 언제나 네 편이야.

진제: 아이, 엄마. 워낙 큰돈이라……. 어쨌든 감사합니다. 저 과일 먹으러 나갑니다. 하하.

나는 자기가 겪은 상황을 조심스럽게 이야기하는 진제의 입장을 재빨리 헤아려봤다.

'선생님께 혼나면서 자기의 충동적인 행동을 반성했을 것이고, 파손한 물건을 배상해야 한다는 책임감을 배웠을 것이다. 또 배상해야 할 금액이 큰 부담이라 걱정을 많이 했겠구나' 하는 생각이 들었다. 진제는 여러 시간 동안 해결방법을 생각했을 테고, 엄마인 내게 의논한 것이리라. 나에게 말하기까지 큰 용기가 필요했으리라.

평소 학교생활에 대해 잘 털어놓지 않는 진제. 특히 사춘기에 접어들어 대화가 더 적어질 수 있었다. 그런 진제가 엄마에게 고민을 털어놓았으므로 원만한 관계를 유지할 기회를 잡은 것이었다. 나의 반응은 구체적이고 긍정적이어야 했다. 실수에 대한 반성은 진제가 충분히 했으므로 훈육은 필요 없었다. '자식의 안전을 가장 중요하게 여기는 엄마, 자신이 힘들 때 언제든 믿고 기댈 수 있는 엄마라는 인식을 심어주자. 해결방안을 함께 찾아주는 엄마, 조건 없이 무엇이든 지지해주는 든든한 울타리가 엄마임을 느끼게 해주자'라는 생각이 들었다.

이런 경험이 쌓이다 보면 다른 고민이 생겼을 때도 엄마와 함께 해결하려고 생각하게 될 것이라고 판단했다. 아이가 자라는 동안 어떤 일이 언제, 어디서, 어떤 방식으로 일어날지 모른다. 나는 어떤 경우에라도 명심해야 할 것을 스스로 다짐했다.

- 아이의 안전보다 중요한 건 없다.
- 아이의 실수를 비난하면 안 된다. 실수하면서 배운다.
- 아이의 든든한 울타리가 되어야 한다.

7.
적극적 경청으로
기억력과 말하기 능력 향상시키기

초등학교 3학년 진제가 경주로 체험학습을 갔다 왔다.

"엄마, 다녀왔습니다."

"오, 그래. 잘 갔다 왔니?"

"네, 엄마. 배고파요."

나는 얼른 밥상을 차렸다. 마주 앉아 밥 먹는 모습을 보면서 물었다.

"배가 아주 고팠구나. 많이 먹어. 체험은 어땠어?"

"출발할 때 멀미가 좀 났지만 체험은 진짜 재미있었어요."

"멀미 패치를 출발 직전에 붙여서 효과가 늦게 나타났구나. 좀 괴로웠겠네."

"네. 좀 자고 나니 괜찮아졌어요. 오늘 신라의 수도였던 경주에 대해 많이 알게 되었어요."

"어디 어디 들렀어?"

"나정에 들렀어요. 신라의 시조 박혁거세 아시죠? 박혁거세가 알에서 깨어난 곳이래요."

"아, 그렇구나. 그다음엔 어디에 들렀어?"

"오릉이요. 박혁거세가 일흔 살까지 살다가 승천했대요. 근데 일주일 만에 하늘에서 떨어져 여섯 개의 몸으로 조각났대요. 머리는 작아서 작은 능에 묻고 나머지 몸통과 팔 두 개, 다리 두 개를 각각 하나씩 큰 능에 묻었대요. 원래 능은 여섯 개인데 큰 능 다섯 개를 일컬어 '오릉'이라고 부른대요."

"오릉에 그런 의미가 있구나. 그 오릉을 다 둘러봤어?"

"네."

"그다음엔 어디로 갔어?"

"그다음은 사천왕사 터에 들렀어요. 문무왕 시대에 세계 제일 강대국인 당나라가 신라를 침략하려 한다는 말을 듣고 부처님의 힘으로 당나라를 물리치려고 사천왕사를 정해 숭배했고, 진짜 당나라를 물리쳤대요."

"진짜 그런 일들이 일어났구나. 새롭네. 그다음은 어디에 들렀어?"

"석가탑 영지요."

"거기는 또 어떤 이야기가 있는 곳이야?"

"엄마, 거기는 아사달과 아사녀의 사랑과 관련된 이야기가 전해진대요."

"재미있겠네. 어떤 이야기야?"

"신라에서 석가탑을 짓기 위해 백제 최고의 석공인 아사달을 불렀대요. 신라에 간 남편이 수년을 기다려도 돌아오지 않자 아사녀는 남편을 만나러 신라 불국사로 찾아왔대요. 남편이 공사하는 곳에 여자가 들어가면 부정을 탄다고 불국사 앞에서 서성거렸대요. 이런 아사녀를 가엽게 여긴 한 스님이 귀띔했대요. 여기서 얼마 떨어지지 않은 곳에 작은 못이 하나 있다. 탑이 완공되는 날 그 탑 그림자가 못에 비치고, 당신 남편 모습도 볼 수 있다. 그때 찾아오면 만날 수 있다고. 아사녀는 날마다 연못을 보며 기다렸대요. 너무 긴 시간 동안 기다리다 지쳐서 못에 빠져 죽었대요."

"진짜? 아사달과 아사녀의 설화가 석가탑과 영지와 관련 있구나. 재밌네."

"엄마도 다 아시는 거죠?"

"전에 배웠는데 너한테 들으니 더 재미있네. 내가 체험하는 것처럼. 정말."

진제는 신나게 문무왕, 선덕여왕, 진덕여왕에 얽힌 이야기도 해주었다.

"참, 엄마, 저 최후의 14인에 들었어요."

"그게 뭔데?"

"돌아오는 버스 안에서 퀴즈대회를 했어요. 열 문제를 다 맞힌

최후의 14인에 제가 뽑혔어요. 헤헤."

"멋지네. 열 문제를 다 맞혔구나."

"형들도 많이 있었어요."

"그런데도 네가 14인에 들었어? 어떻게?"

"해설사님이 해주시는 설명이 재미있어서 잘 들었더니 다 맞힐 수 있었어요."

"아하, 해설사님의 설명을 잘 들은 것이 비결이었구나."

진제는 하루 체험으로 경주지역의 역사도 알게 되었고, 해설사의 설명을 잘 들으면 퀴즈도 잘 풀 수 있다는 평범한 학습법을 터득했다. 그리고 배운 내용을 엄마에게 설명하면서 다시 머리에 새기게 되었다.

아이들이 배운 것을 부모에게 설명하는 과정을 거치는 것은 아이의 학습능력 향상에 매우 효과적이라는 것을 존스홉킨스대학 NNPS(national network of partnership school)연구소의 센터장인 조이스 엡스틴이 2016년 육아방송인 〈명문가의 자녀교육〉에서 밝힌 바 있다. 연구소는 부모와 지역사회의 교육 참여를 높이기 위해 삼십오 년 동안 연구를 해오고 있었다. 다양한 프로그램을 진행했지만 그 중 학교에서 배운 내용을 부모에게 설명하는 것을 과제에 포함시켰더니 학생들 성적이 향상되었다고 발표했다.

체험한 내용이나 수업시간에 배운 내용을 설명하는 아이 말을 들어주는 엄마의 경청 자세는 기억력과 표현력을 향상시켜 성적 향상이라는 결과를 낳기도 한다. 체험하고 온 진제 말을 열심히 들어주는 내 자세는 아이가 대화에 정성을 기울이게 하는 효과가 있었다.

"우와, 그랬구나" 하고 맞장구치면 아이는 더 생생하고 구체적으로 표현했다. 조금 모호하게 말하면 "그게 무슨 뜻이야? 다시 말해줄래?" 하고 묻고, 내가 이미 아는 거라도 아이가 새로운 것을 알았다는 듯 신나게 말할 때는 "아, 그런 것이 있었구나" 하고 반응해주었다.

진제는 평소에 한 문장조차 완성하는 것을 힘들어했다. 그래서 진제의 체험 경험을 적어주고 싶었다. 진제 표현 그대로 기록해주고 싶어 '루루'를 펼쳤다.

'루루' 2002. 8. 24.

날씨: 좀 춥고 비바람 약간, 누구랑: 강OO (멋지게 생긴 형님)

난(진제) 차를 타면 멀미를 한다.
이번에는 하루 코스로 경주로 견학을 갔는데 멀미가 약간 나를 괴롭혔다. 먼저 들른 곳은 '나정'이라는 곳, 박혁거세가 알에서 깨어난 곳을 기념하기 위해 만든 유적지였다.

다음에 들른 곳은 '오릉'. 박혁거세는 알에서 깨어나 70세까지 살다가 승천했다. 그 후 7일 만에 죽은 박혁거세가 땅으로 떨어져 6개의 몸으로 조각났다.

그다음으로 석가탑 영지(그림자 땅)에 갔다. 원래 백제 사람이었던 아사달과 아사녀는 사랑하는 사이였다. 하지만 신라왕(문무왕)이 탑(석가탑과 무영탑)을 만드는 재주가 뛰어난 아사달을 초청하여 탑을 만들게 하였다. 아사녀는 10년을 기다리기로 약속했다. 그런데 10년이 지나도 아사달이 돌아오지 않았다. 신라 불국사 근처로 가서 기다리던 아사녀는 연못 속에 비친 무영탑을 보고 아사달이 물에 빠져 죽은 줄 알았다. 그래서 물에 뛰어들어 죽고 말았다. 하지만 아사달은 너무나 잘 만든 탑 때문에 접대를 받느라 늦었던 것이었다. 아사녀의 시체를 발견한 아사달도 머지않아 죽고 말았다.

신라 25대 문무왕, 26대 신문왕, 27대 선덕여왕, 28대 진덕여왕에 관한 공부도 했다. 돌아오는 버스 안에서 퀴즈대회를 했는데, 열 문제를 다 맞혀서 최후의 14인에 들었다. 이 다음에 역사기행을 하는 날에도 최후의 14인을 대상으로 퀴즈가 계속된다는데 나는 다른 일로 참석할 수가 없다. 아, 아깝다.

진제 대신 엄마가 쓰다.

8.
아이의 말을 수용해
당당한 아이로 키우기

진제는 평소에 말이 많은 편이 아니었다. 컴퓨터 게임을 하느라 바빠서이기도 했지만 사람관계보다는 어떤 일에 깊이 몰입하는 성향이었다. 하지만 자기 생각과 다른 내용이 보이면 당당히 자기 생각을 표현하는 아이였다.

동생하고 싸운 일로 거실에서 억울함을 풀어주는 대화를 했다. 열 살인 진제에게 평소에 자주 하는 행동 중 고쳐야 할 부분을 되돌아보고 반성문을 적게 했다.

'루루' 2003. 7. 10.

엄마, 자꾸 죄송합니다.

아빠가 안 계실 때는 우리 둘이서 엄마를 기쁘게 해드려야 하는데 오히려 슬프게 했네요. 혼날 때는 겁이나서 귀에 잘 안 들어올 때도 있었지만 앞으로는 유심히 듣겠습니다. 엄마의 말씀처럼 저는 남을 잘 배려하지 않는 것 같습니다. 하나뿐인 동생을 소홀히 한 것 같네요. 글씨는 사람의 마음이라고 하지만 꼭 그렇지는 않아요. 제가 반성을 하지 않는 것은 아니지만 진짜 약속을 소홀히 하네요.

1. 약속을 잘 지키겠습니다.
2. 거짓말을 하지 않겠습니다.
3. 말을 흘리지 않고 듣겠습니다.
4. 뒤처리는 꼭 하겠습니다.
5. 부모님의 은혜를 잘 생각하고 남을 잘 배려하겠습니다.

이 중요한 다섯 가지를 지키도록 하겠습니다. 엄마가 저를 낳아주시고 올바른 길을 갈 수 있게 가르쳐주시는데 저는 반대로 간 것 같네요. 하지만 이제부터는 반대로 가지 않고 엄마가 인도하는 길로 가겠습니다. 저는 엄마를 변함없이 사랑합니다.

I love you.

엄마를 사랑하는 진제가 엄마에게

진제는 자신의 잘못한 행동을 돌아보고 고칠 부분만을 적은 게 아니었다. 그 당시 "말과 글은 그 사람의 인격이자 가치관이다" 하는 문장이 좋아 자주 얘기해주었다. 아이들이 어려서 무슨 말인지 자세히 알 수 없으리라 예측했다. 좀 더 자라면 그 깊은 의미를 알게 되리라는 생각으로 가끔 말해주던 문장이었다. 그런데 뜬금없이 "글씨는 그 사람의 마음이라고는 하지만 꼭 그렇지는 않아요" 하는 문장을 적어둔 것이다. 초등학교에 입학한 후 진제가 4학년이 될 때까지 글씨를 알아보기가 힘들었다. 그래서 반듯하게 쓰라고 여러 번 조언했다. 진제 스스로 띄어쓰기가 안 된 자기 글을 보고 이 문장을 떠올린 모양이었다. 엉뚱하게 보였지만 눈치 보지 않는 점이 정말 좋았다. 당당하게 자기 생각을 밝히는 태도가 정말 멋있었다.

진제야.

많이 어른스러워졌네.

반성문이 아니라 네 생각이 많이 실려 있어 엄마는 오히려 맘이 놓인다. 자기 의견을 당당히 표현하는 그 모습은 영락없는 아빠의 모습이구나.

정말로 사랑스런 아들아.

네가 자식이다 보니 칭찬보다 혼을 너무 심하게 내는 것 같아 보이지? 하지만 네게는 칭찬할 면이 더 많다는 것도 안단다. 내 자식이 귀할수록 엄하게 지도해야 한다는 건 진리인 것 같다.

너를 혼내고 나면 엄마의 마음이 많이 아파. 그것도 알지?

변함없이 너를 사랑하는 엄마가

그 당시 나는 아이들에게 매우 예민하게 반응했다. 수시로 혼내고 수시로 미안해했다. 격한 감정을 잘 다스려 화내지 않기로 약속한 지 2년 6개월이 되었다. 어른다운 어른이 되고 싶어 노력했으나 불쑥 올라오는 화를 다스리기는 정말 어려웠다.

남편은 직장 일로 한동안 집을 비웠다. 돌아와서도 아이들을 키우는 부분은 전적으로 내 몫이었고 '루루'를 한 번도 펴보지 않고 있었다. 나 스스로 화를 다스리는 것이 목적이었으니 남편의 반응은 기대하지도 않았다. 그런데 어느 날 진제의 '루루'에 써놓은 남편의 글을 보았다. 깜짝 놀랐다. 진심이 담긴 칭찬을 본 나와 진제는 정말 기분이 좋았다. 앞으로 한 번씩 새로운 글을 볼 수 있겠거니 기대했다. 그러나 이 글이 아쉽게도 처음이자 마지막이었다.

'루루' 2004. 8. 23.

아빠는 엄마와 진제가 마음을 털어놓고 서로에게 바라는 점과 부탁하고 싶은 말을 적어놓고 신뢰하는 마음으로 새로운 生活로 시도하는 글을 보고 성장해 가는 가족애를 느낀다.

어떨 때는 엄마가 진제에게 섭섭한 마음을 토로하고, 이후엔 진제가 진정으로 미안하다는 글을 엄마에게 써놓았구나. 아빤 미래에 웃으며 서로 이해하고 배려하며 相生하는 가족이 될 것이라 確信한다. 앞으로 아빠도 여기에 아빠의 마음을 적고 싶구나. 아빠도 여기에 가입할 수 있게 허가해주렴. 네가 아빠에게 요구하는 점을 기록해주기 바란다.

사랑하는 진제, 그리고 이런 좋은 方式으로 자녀를 이끌어주는 慧에게 정말 가슴속으로 사랑을 느끼며 믿음을 보낸다. 엄마, 아빠의 기대보다는 스스로 운동하고 오락하는 시간을 절제할 수 있는 우리 진제가 되기 바란다.

진제야, 진정으로 사랑한다.

-아빠가-

남편이 곳곳에 써둔 한자를 본 진제는 한자를 그림으로 그려서 그 글들을 잘 모르겠다고 적어두었다. 뒤늦게 그 글을 본 우리 부부는 배를 잡고 웃었다. 진제의 어린이다운 솔직함이 정말 반가웠다.

9.
사소한 것까지 고려하는
아이들의 생각 읽기

'루루'를 시작한 지 얼마 되지 않은 일요일, 효빈이가 초등학교 2학년이던 봄날. 이모와 함께 서점에 갔다. 나는 자녀양육 도서 코너에서, 이모는 베스트 신간 도서 코너에서, 진제와 효빈이는 어린이 도서 코너에서 각자 책을 둘러보고, 읽고 싶은 책을 한두 권씩 정해서 두 시간 뒤에 입구에서 만나기로 했다. 나는 서너 권의 도서들을 필요한 부분만 찾아서 펼쳐보았다. 나는 한참 모자라는 양육자였다. 많이 달라져야 하는 엄마였다.

두 시간 후 입구에서 만난 효빈이가 만화로 된 《세계 귀신전》을 사달라고 했다. 평소 효빈이는 귀신 이야기를 좋아하면서도 무섭다고 했다. 그 생각이 떠오른 순간 사지 말라고 했다. 내 생각에 그 책은 서점에서 대충 봐도 되는 책이었다. 효빈이는 입을 쭉 내밀고 화난 표정으로 서 있었다. 나는 효빈이에게 "무섭다면서 왜 그런 책을 보려고 하냐고, 이해가 안 되네" 하며 짜증 섞인 말을 내뱉고는 서점을 나왔다. 효빈이는 눈물을 뚝뚝 흘리면서 따라 나왔다. 효빈이도 나도 내내 기분이 좋지 않았다. 그래서 '루루'에 이렇게 적었다.

오늘 날씨가 참 추웠지. 너랑 외출해서 연필 깎기랑 학교에 가져갈 것도 사고 이모도 만나고…….

낮에 엄마가 《세계 귀신전》 때문에 짜증내서 미안해. 엄마는 귀신을 무서워하는 네가 그 책을 산다니 이해가 안 되더라. 그 책을 보고 무서운 꿈을 꾸다가 놀라서 깰까 봐. 또 옆에 이모도 계시는데 떼쓰면서 사달라고 해서 짜증이 났어. 하지만 지금은 네가 그만큼 보고 싶었던 책이었겠지 하는 생각에 미안한 마음이 생기네.

옛날에 넌 그랬어. "엄마, 그럼 다른 것 사주실 거죠. 좋은 책" 하면서. 너의 눈물과 너의 화난 몸짓들이 오늘로 끝났으면 해.

근데 네가 자는 지금 엄마가 화장실에 갔더니 세면기가 반짝반짝 웃고 있었어.

네가 샤워한 후 깨끗이 닦아놓은 것을 알 수 있었지. 어쩌면 이렇게 깨끗할 수가……. 정말 기분이 상쾌해졌어. 너의 착한 마음도 느낄 수 있었어.

엄마, 아빠는 네가 삐지지만 않는다면 더 많은 걸 해주고 싶어. 네가 정리해놓은 책상에서 이 편지를 쓰고 있어. 기분이 정말 좋아.

엄마는 네가 귀신을 무서워하니 그런 책은 안 봤으면 해. 다음에도 안 사줄 거니까 포기하는 게 좋을걸.

사랑해, 효빈아.

다음 날 효빈이는 "미안하지만 여긴 띄우고 다음 장에 적을게요" 하면서 한 페이지를 건너뛰고 답글을 적었다. 나는 '왜 건너뛰지' 하고 그냥 넘겼다.

대학생이 된 효빈이에게 그때 한 페이지를 건너뛴 이유를 물어봤다. 그랬더니 그때는 줄이 없는 페이지는 나란히 맞추어 글쓰기가 너무 어려웠다고 했다. 그렇게 사소한 것도 아이의 관점으로 보지 못해서 이해를 못하고 있는 엄마였다.

'루루' 2002. 4. 29.

> 엄마에게
>
> 엄마가 《세계 귀신전》을 안 사주신다고 운 이유가 있어요. 저는 오빠가 귀신전을 좋아하기 때문에 사서 같이 보려고 했어요. 엄마가 조금 예민해지신 것은 다 저 때문이라는 걸 알고 있어요. 제가 잠들었을 때 엄마가 알림장에 사인해주시려는 것을 전 알아요.

효빈이는 오빠와 같이 보려고 《세계 귀신전》을 사려고 했던 것이다. 오빠를 생각하는 마음을 무시했던 엄마가 얼마나 야속했을까 싶었다. 이유를 묻고 내 생각도 이해시키고 합의점을 찾은 다음 결정하는 엄마가 되려고 했는데 또 상처를 줬다. 아이는 화내는 나를 보고 엄마가 자기 때문에 예민해졌다고 받아들였다.

아이들은 부모가 싸우거나 화를 내면 모두 자기 때문이라고 생각한다. 아이에게 짜증내거나 함부로 말하면 모두 자기 탓으로 돌려 죄책감이 자꾸 쌓이게 된다. 죄책감이 높아지면 청소년기에 자존감이 바닥까지 가는 상황으로 연결될 수 있다. 나는 효빈이에게 상처를 준 것 같아 너무 미안했다. 아이의 감정을 읽지 못한 엄마라는 부끄러운 생각도 들었다.

맨 아래에 적어둔 "내가 잠들었을 때 엄마가 알림장에 싸인해주시려는 것을 전 알아요" 하는 효빈이의 깜찍한 표현을 봤다. 다음 날 학교에 가져갈 것을 내가 빠뜨릴까봐 적어둔 세심함이었다. 화가 다 풀린 걸까. 엄마를 미워하지는 않을까. 미안하다고 사과한 글이 효빈이의 상처에 연고를 바른 것 같은 효과를 낳기를 바랐다.

10.
빨리 말하지 않을 때는
차분하게 기다려주기

초등학교 1학년을 마친 겨울 방학, 효빈이가 학교에 개설된 컴퓨터 특강을 듣겠다고 했다. 학기 중에는 출근길에 내가 태워주었지만 방학 때는 오빠하고 둘이서 같이 다녔다. 그런데 하루는 효빈이 혼자 가게 되었다. 상당히 추운 날이었다. '잘 갔다 오겠지' 하고 보냈지만 걱정이 되어 컴퓨터 특강 마칠 시간에 맞춰 학교로 갔다. 다른 아이들은 나오는데 효빈이가 나오지 않았다. 컴퓨터실로 가도 효빈이가 안 보였다.

"선생님, 저 효빈이 엄마예요. 효빈이 수업 언제 마치나요?"

"어머니, 오늘 효빈이가 안 왔어요. 제가 바빠서 전화를 못 드렸네요. 평소에 빠지는 경우가 없는데……."

"그래요? 아침에 컴퓨터 특강 듣는다고 갔는데. 이상하네요. 일단, 잘 알겠습니다."

연락할 방법이 없었다. 막막했다.

'어디로 간 걸까? 수업 빼먹고 다른 데서 놀고 있나? 설마…….'

‘혹시 무슨 일이 생긴 것은 아닐까?’

‘에이, 불길한 생각은 하지 말자.’

‘아이를 어디서 찾지?’

머릿속이 뒤죽박죽이었다. 주차장에서 삼십 분을 기다리자 운동장으로 들어오는 효빈이가 보였다. 순간 화가 났다.

"효빈아!"

"……."

"수업 안 하고 이제야 학교로 오는 거니?"

"……."

"무슨 일 있었니?"

"……."

"컴퓨터 수업은 했니?"

"……."

아니라고 고개를 가로저었다.

"요즘 컴퓨터 수업하는 거 맞아?"

"……."

"말을 해봐. 엄마에게."

다그치는 내 말투를 알아차리는 순간 ‘화 안 내는 엄마가 되기로 약속했지’라는 생각이 들었다. 아이가 대답을 안 해서 답답했지만 말할 때까지 꾹 참았다.

"……엄마…… 근데…… 버스가…… 내가 아는 정류소에 안 세워줘서 타고 있었는데…… 다른 데로 자꾸자꾸 갔어. 한참 가다 보니 내가 아는 정류소에 세워줬어. 내려서 지금 오는 길이야……."

효빈이는 그제야 울음을 터뜨렸다.

"저런, 겁 안 났어?"

"진짜 무서웠어."

"그래그래. 많이 무서웠겠네."

낯선 동네로 가는 버스를 타고 한 시간 이상 얼마나 불안하고 초조했을까 생각하니 가슴이 미어졌다.

"엄마, 컴퓨터 선생님께 말씀드리고 올게."

"그래. 같이 가자."

마음이 어느 정도 안정된 효빈이에게 물었다.

"효빈아. 버스 타고 가다가 아니다 싶었을 때 안 내리고 끝까지 타고 있었던 건 무슨 생각이었어?"

"응. 조금만 더 있으면 아는 정류소가 나오겠지 하면서 계속 타고 있었어."

"정말 현명했네. 우리 딸 잃어버릴 뻔했네."

이 일로 나는 내가 많이 부족한 엄마라는 것을 느꼈다. 어떤 일이 있었는지 모르면서 '수업 빼먹었구나' 하고 의심부터 한 것, 아이에게 다그치듯 말한 것을 깊이 반성했다.

　나는 내가 달라져야 할 행동을 나열해보았다.

　• 내 판단으로 말하기 전에 아이 말부터 듣기.

　• 효빈이가 빨리 말하지 않아 답답하다고 느끼기 전에 놀란 마음을
　　먼저 알아차리기.

　• 효빈이는 신중해서 말하는 데까지 시간이 좀 걸리니 스스로 정리
　　해서 말할 때까지 여유를 가지고 기다리기.

　그동안 별 생각 없이 하던 나의 말과 행동에 고칠 점이 수두룩
했다.

'루루' 2003. 1. 15.

엊그제 컴퓨터 수업이 끝나는 시간에 맞춰서 학교로 갔다가 효빈이가 사라진
것에 놀랐다. 한참을 기다리자 교문 밖에서 운동장으로 유유히(이 표현이 적절
할 정도로 여유로운 걸음으로) 걸어오는 효빈이를 보고 궁금증이 커졌다.

효빈이에게 다가가 물으니 버스를 잘못 타서 아는 정류소가 나올 때까지 기다
리다 늦은 거였다. 너는 왕방울 같은 눈물을 뚝뚝 흘렸지. 엄마는 너를 가만히
안아주었지.

> 나는 수업을 빼먹은 줄 알고 혼내려다가 '효빈이는 거짓말하는 아이가 아니지'
> 하고 믿으며 '끝까지 화내지 않고 참기를 정말 잘했다' 하고 안도했다. 나도 이
> 제 괜찮은 어른이 되어가나 보다. 만약 효빈이의 말을 듣기 전에 윽박질렀다
> 면……. 으으으, 생각만 해도 끔찍하다.
> 효빈아,
> 넌 언제나 엄마의 믿음대로 정말 진실한 아이구나. 오늘도 네가 엄마 딸이어서
> 엄만 행복해. 진짜야.

'루루'의 글로 효빈이에게 말하고 싶은 것이 있었다. 내가 엄마이기도 하고 어른이기도 하지만 감정적으로 서툴다는 것, 좋은 엄마가 되려고 노력하고 있는 것, 이렇게 반성하는 엄마의 마음을 알아달라고 말하고 싶었다. '루루'는 아이들과 한 약속이기도 하지만 나 자신이 긍정적으로 변하고 싶은 선택이었다. 아이는 이 세상 무엇보다 소중하다. 그러니 아이의 말에 귀 기울여주기, 아이의 감정을 있는 그대로 느끼기, 언제나 아이의 편이 되어주는 엄마가 되자고 다시 한 번 다짐했다.

이 책을 쓰면서 대학생인 효빈이에게 그날 일을 물었더니 이렇게 말했다.

"엄마, 나는 그때 학교 앞 버스 정류소가 하나만 있는 줄 알았어. 가는 방향 버스 정류소와 오는 방향 버스 정류소 둘 다 있다는 것

을 몰랐어. 아침에는 엄마가 태워줬잖아. 그래서 평소에 집에 갈 때 타던 정류소, 거기에 차를 세워주면 내리려고 기다리다 그렇게 된 거였어."

11.
학원을 선택할 때는
합리적인 대화로 결정하기

　과학고등학교는 중학교 때 최우수 성적, 특히 수학이나 과학을 잘 하는 학생들이 선발된다. 1학년은 모두 팔십일 명, 첫 중간고사를 예민하게 준비하고 있던 4월 어느 주말에 귀가한 진제가 심각한 표정으로 말했다.

　"엄마, 수업시간에 보면 친구들이 공부를 정말 잘 해요. 곧 있을 중간고사가 걱정되어서 불안해요."

　"많이 불안한 모양이네."

　"네. 초등학교 때부터 과학고에 들어오려고 준비한 아이들이 대부분인 거 같아요."

　"그렇구나. 너는 늦게 준비했으니."

　"그래서 말인데요. 엄마, 주말에 학원 좀 다녀야 할 거 같아요."

　"그래? 어떤 과목?"

　"영어, 수학, 물리, 화학……."

　"모든 과목을 다?"

"네."

성적을 잘 받고 싶은 마음은 이해했다. 진제는 3월부터 주말이면 집에 와서 잠만 실컷 잤다. 그런데 그 시간에 학원에 다니겠다고 하니 합리적인 선택일까 싶었다. 나는 시간과 돈을 투자하는 만큼 진제에게 도움이 될 것인지 하나하나 짚어보고 결정하고 싶었다.

"주말에 너에게 주어진 시간과 네가 도움받고 싶은 과목과 내용을 좀 더 생각해보자. 주말에 공부할 수 있는 시간이 얼마나 될까?"

"주말에 하루 여덟 시간 정도, 이틀이니 열여섯 시간이요."

"그러면 네가 원하는 시간에 학원에서 강의를 개설해줄까?"

"그건 아니겠죠……."

"간단히 수학 한 과목만 생각해보자. 학원 수업이 개인 과외처럼 맞춤형은 아니지?"

"아니겠죠."

"하루에 학원 수업 두 시간 듣는 동안 네가 모르는 내용을 어느 정도 다룰 것 같아?"

"얼마 안 되겠죠."

"주중에 수학 수업시간은 몇 시간쯤 되니?"

"거의 여덟 시간 이상이에요."

"수업시간에 이해가 안 되는 내용은 어느 정도 돼?"

"한 오 퍼센트 혹은 십 퍼센트 정도요."

"여러 명이 수강하는 학원은 진도를 맞추어 수업할 텐데, 네가 도움을 받고 싶은 부분이 충족될까?"

"학원에 다니는 시간이 오히려 아까울 것 같네요."

"엄마도 효율적이지 않은 것 같다."

"그렇군요."

"그럼 어떻게 하면 좋을까?"

"학교에 가서 선배님들께 한번 물어볼게요. 다시 얘기해요. 엄마."

일본에서 기적의 과외선생으로 알려진 한 교육 설계사는 "특정 학교를 목표로 학원을 선택할 경우, 학원에 다니는 아이가 얼마나 많은 시간을 빼앗기게 되는지를 염두에 두라"고 했다. 학원에 간다는 사실만으로 위안을 삼을 일이 아니고 더 현명한 판단이 필요한 때였다.

일주일 후에 귀가한 진제는 효율적인 방법을 찾았다고 했다.

"선배님들에게 공부 방법을 물어보니 도서관에 있는 책을 몇 권 소개해주셨어요. 저에게 필요한 책을 사야 할 것 같아요."

"그 책을 사서 어떻게 하려고?"

"저녁 식사 마치고 자습 시간에 혼자 공부하려고 해요."

"독학을?"

"네."

"할 수 있겠어?"

"중간고사 때까지 제 계획대로 공부해보고 그때 다시 얘기해요, 엄마."

"그래. 그 방법으로 해보고 힘들면 그때 또 고민해보자."

진제는 서점에서 '복소해석학', '미분방정식', '선형대수학' 같은 대학 교재를 가득 안고 나왔다. 그 어려운 책을 독학으로 익힐 계획인 열일곱 살 아들. 대견하기도 했지만 너무 어려워서 힘들지나 않을까 염려되었다.

중간고사 결과가 나왔다. 전교 일등이라니 믿을 수가 없었다. 가족 모두가 놀랐다. 초·중학교 때 외우기만 잘하면 전교 일등 할 수 있는데 외우는 것은 진정한 학문이 아니라면서 자신을 정당화하던 진제였다.

"결과가 정말 잘 나왔네. 너의 공부 방법이 큰 효과가 있었네. 짝짝짝. 어떻게 공부했는지 참 궁금하다, 진제야."

"엄마, 지난번에 사 갔던 대학교재 있잖아요? 그 내용을 알고 나니 수업시간에 정말 수월했어요."

"어려웠을 텐데 어떻게 공부한 거야?"

"일단 이해가 될 때까지 읽고 개념 정리를 한 후 문제를 풀었죠.

안 풀리는 문제가 생기면 앞부분 개념을 다시 봤죠. 공부하다가 궁금한 게 생기면 다른 책을 찾으며 같은 문제를 다른 방식으로 풀어가는 방법을 익혔어요."

진제는 자기주도 학습의 성취감을 제대로 맛보고 있었다.

"스스로 공부하는 방법을 터득했네. 공부하다 궁금증이 생기면 다른 교재, 다른 방식을 찾아보면서 공부했구나."

"엄마, 또 한 가지 알게 된 게 뭐냐면요. 공부는 과목마다 연계된 부분이 있어요. 수학과 물리, 수학과 지구과학, 수학과 경제, 국어와 역사처럼요. 수업시간에 어떻게 연결된 내용인지 알게 되면 공부가 정말 재미있어요."

"과목의 연계성을 발견했구나. 훌륭하다."

"참, 대학교재를 독학으로 익히면서 알게 된 게 있어요. 문제를 풀 때 더 높은 개념을 익히면 훨씬 쉽게 풀리더라고요. 고등학교 과정에는 안 나오는 고차원적 풀이를 알게 되었어요."

진제는 학원 다니지 않고 혼자 공부하면서 터득한 방법으로 학습을 즐기고 있었다.

나는 아주 오래 전 동화작가 정휘창의 《원숭이 꽃신》을 읽으며 자기주도 학습과 관련이 있다고 생각했다. 맨발로 다니던 원숭이는 발바닥에 굳은살이 생겨 있었다. 어느 날 원숭이는 예쁜 꽃신을 오소리 영감에게 선물로 받는다. 신을 신어본 적 없던 원숭이가 폭신한 꽃신을 신으니 돌부리에 걸려도 아프지 않아 날마다 꽃신을 신고 다녔다.

얼마 후 꽃신이 다 해지게 되었다. 원숭이는 오소리 영감이 요구한 도토리 한 자루를 가져와 꽃신을 신을 수 있었다. 꽃신을 신고 다니는 동안 원숭이 발바닥에 있던 굳은살은 보드라운 살로 변했다. 그런데 이제는 신발이 없으면 걸어 다닐 수도 나무에 기어오를 수도 없었다. 오소리 영감은 "꽃신을 신으려면 날마다 우리 집 허드렛일을 해" 하고 요구했다. 그렇게 해서 원숭이는 결국 오소리 영감의 집에서 하인처럼 부림을 당하면서 꽃신을 얻어 신는 신세가 되었다.

교과 학원에서 학습을 보충해야 하는 경우도 분명히 있다. 스스로 해보지도 않고 무조건 학원에 의지하는 것이 문제다. 꽃신처럼 학원에 의지하다 보면 그다지 어렵지 않은 내용도 덮어버리게 된다. 직접 풀고자 하는 노력은 하지 않고 '학원에 가서 물어봐야지' 하며 포기하게 된다.

원숭이 발바닥에 생긴 굳은살은 그냥 생긴 것이 아니다. 나무에 찔리고 돌에 까여 상처가 나고 피가 날 만큼 아프다가 상처가 아물어서 얻어진 것이다. 이 과정을 반복하면 험한 나무에 올라도, 울퉁불퉁한 산길을 다녀도 상처가 나지 않는 굳은살이 생기는 것이다.

혼자 공부하다 보면 시간이 많이 걸릴 수도 있다. 하지만 아이들은 성장하면서 긴 시간을 고민해보고, 학교 선생님이나 친구의 도움으로 해결하는 경험도 해봐야 한다. 스스로 시간 관리도 하고, 집중이 잘 되는 시간도 찾아봐야 한다. 이런 과정을 겪다 보면 어려운 문제도 풀 수 있는 능력이 생긴다. 고민 끝에 문제를 풀면 커다란 성취감까지 맛볼 수 있다. 부모라면 아이들에게 이런 성취감을 맛보게 해주어야 하지 않을까.

Chapter

도전과 체험으로
아이를 성장시키는 방법

여러분은
과거를 뒤돌아 봤을 때에
비로소 점들을 연결할 수 있습니다.

그러므로 모든 점들은
당신의 미래와 어떻게든
결국은 이어질 것이라는 것을 믿어야만 합니다.

본능, 운명, 삶, 업보 등
무엇이든 간에
점들이 결국 연결되어
하나의 길을 이루게 될 것이라 믿는다면

여러분은
당신의 가슴이 움직이는 대로 따르는
자신감을 가지게 될 것 입니다.

설사 당신의 마음을 따르는 것이
잘 닦여진 길에서 벗어날지라도
당신은 인생에 변화를 가지게 될 것입니다.

-스티브 잡스-

1.
실수와 경험으로
적응력을 키워주기

"선생님, 진제 1학년 입학했죠? 낮에 땀을 뻘뻘 흘리면서 지나가던데요."

"버스 타고 다닐 텐데요."

"요 며칠 계속 걸어오던데…… 차비 없는 거 아니에요?"

십 년 단골인 미용실 원장이 내게 애를 왜 그리 안 챙기느냐면서 면박을 주었다.

"날마다 버스비 주지요. 걸어 다니는 걸 난 몰랐네. 알려줘서 고마워요."

학교는 마을버스로 열두 정류장 거리였다. 등교는 내 차로 해주는 경우가 대부분이었다. 그래도 왕복 버스비를 주었다. 3개월이 지나서야 진제가 걸어 다녔다는 사실을 알게 되었다.

"진제야, 요새 버스 안 타고 걸어 다녀?"

"네."

"5월이라서 낮에 걸어오면 엄청 더울 텐데 힘들지 않아?"

"괜찮아요, 엄마."

"차비는 어떻게 하고 걸어 다니니?"

"차비로 게임해요."

"그 돈으로 게임을 얼마나 하는데?"

"학교 마치고 문방구 가면 두세 시간 정도 할 수 있어요."

"그렇게 긴 시간을?"

"대전 게임인데 둘이 붙어서 이기면 저는 계속하고 파트너만 바뀌거든요. 계속 이기면 오래 할 수 있어요. 잘하면 중간마다 보너스도 나와요. 만약 지면 어쩔 수 없이 다른 아이들이 게임하는 거 구경해요."

진제는 게임 이야기에 신이 났다. 버스비를 아껴서 게임비로 사용한다는 초등학교 1학년. 용돈을 주는 것까지는 내 마음이고 받은 용돈을 어디에 쓸지 정하는 것은 진제의 선택이었다.

한여름에는 아스팔트 뜨거운 열기에 숨이 턱턱 막힌다. 집까지 사십 분을 걸어올 진제가 걱정되었다.

"앞으로도 계속 걸어 다닐 거야?"

"요새 좀 더워져서 버스 타고 다닐까 생각하고 있어요."

"아, 그런 생각을 하고 있었구나."

"예."

"무더위에 쓰러질까 봐 걱정돼. 엄마도 네가 버스 타고 다니면 좋겠어.”

며칠 후, 저녁 여섯 시가 넘어서 집에 온 진제가 빈손이었다.

“오늘 좀 늦었네. 가방은?”

“허걱, 엄마, 문방구에 두고 왔어요. 빨리 가서 가방 가지고 올게요.”

“지금 가려고?”

“네. 빨리 갔다 올게요.

”차비 줄까?”

“아니요.”

후다닥 나갔다. 진제가 가방 가지러 나간 순간부터 온갖 생각이 떠올랐다.

‘가방 챙기는 습관을 스스로 길러야 해. 심히 고생해봐야 챙기지. 못 챙긴 물건이 있을 때 자꾸 도와주면 습관 돼. 그냥 기다려보자. 문방구에 전화해서 해결하는 방법도 있지. 내가 해결방법을 알려주는 것보다 스스로 해결하는 것이 길게 보면 더 나아.’

이렇게 생각하면서도 한편으로는 불안하고 걱정이 됐다.

‘이 시간에 보내도 되나? 같이 가야 하나? 어른들 저녁상 차리는 중이라 움직이기 힘든데 어쩌지? 건널목 건너면서 신호를 잘 봐야 할 텐데……. 초록불 신호가 들어와도 좌우를 살핀 후에 건너야 할 텐데. 지나가는 자전거나 오토바이도 위험한데 걱정이네.

이상한 사람을 따라가지 말아야 할 텐데……. 문방구에 가방은 있겠지? 가방이 없어져서 여기저기 찾아다니지는 않겠지?'

한 시간 십여 분이 지나자 진제가 가방을 메고 들어왔다.

"엄마, 가방 찾아왔어요. 문방구 아저씨가 챙겨주셨어요. 히히."

"수고했어. 문방구 아저씨 참 고마우시네. 아이고, 이 땀 좀 봐."

나는 같은 일이 두 번 반복되지 않았으면 했다.

"힘들지? 집에 왔다가 다시 가방 가지러 안 가려면 어떻게 해야 할까?"

"문방구에서 게임을 하고 나서 가방을 잘 챙겨야겠어요."

"그래그래. 엄마는 네가 가방 가지러 간 순간부터 집에 올 때까지 걱정했어."

"왜요?"

"네가 다칠까 봐."

"엄마, 다음에는 잘 챙길게요. 배고파 죽겠어요."

"그래, 밥 먹자."

사람은 누구나 자신이 한 실수로 불편을 겪으면 같은 실수를 하지 않기 위해 대책을 세운다. 초등학교 1학년, 너무 어린 나이라 아무것도 생각하지 못할 것 같았다. 그런데 진제의 생각을 듣고 그렇지 않다는 것을 알았다. 아이들은 실수하면서도 배운다. 성장하는 시기마다 현명한 삶의 방식을 분명히 가지고 있다.

소아과 의사와 간호사였던 윌리엄 시어스와 마사 시어스는 "아이들은 현명하지 못한 선택을 하고 자기 행동 결과를 다양하게 경험하면서 책임감 있는 성인이 되어간다"라고 말하며 다음과 같이 덧붙였다.

"초등 학령기 아이들이 숙제를 다 하지 않고 잠자리에 들면 선생님이 내릴 벌이 있음을 상기시켜 주자. 이렇게 하면 자신의 의사결정에 따른 다양한 경험으로 삶의 적응력을 키운다. 이 적응력은 사춘기가 되어 잘못된 선택을 했을 때 극복할 힘이 된다. 열 마디 설교보다 직접 경험한 한 번의 실수에서 더 많은 것을 배운다. 현명한 부모가 되기 위해서는 과보호와 선택적으로 무시하는 행동 사이의 균형을 잘 맞추어야 한다."

아이들은 어른에게 듣는 간접 정보보다 자신의 선택과 그로 인한 성공과 실수 등 다양한 경험으로부터 더 많은 것을 배운다.

2.
자아존중감을 높여주는
성공 경험 제공하기

1999년, 주 5일제가 시행되기 전이었다. 토요일 퇴근 후에 집에 오니 아무도 없었다. 혼자 있는 조용한 거실 CD 재생기에 생상의 〈서주와 론도 카프리치오소〉 음반을 넣었다. 바이올린의 고혹적인 멜로디에 평소처럼 온 영혼을 맡기고 있었다. 그때 전화가 울렸다.

"아가, 진제가 안 보인다. 아이를 잃어버린 것 같다."

"네? 아버님, 무슨 말씀이세요? 지금 어디 계세요?"

가슴이 철렁 내려앉았다.

"아까 진제와 효빈이를 데리고 백화점에 구경 왔다. 토요일이라 사람이 엄청 많더라. 아이들 손을 잘 잡고 있었는데 진제가 손을 놓고 저쪽으로 갔어. 따라가봤는데 아이가 안 보이네. 집에 안 왔지?"

"네. 아버님. 혹시 백화점 직원에게 방송해달라고 해보셨어요?"

"오냐. 방송했는데 아이가 안 보인다. 이거 큰일 났다."

"아버님. 근데 이 전화는 어떻게 하신 거예요?"

"아. 지나가는 젊은이한테 빌린 거다. 한 번 더 찾아볼게. 그리 알고 있어라."

당황스러웠다. 그 백화점은 사람이 정말 많은 곳이었다. 특히 토요일은 더더욱. 전화를 끊고 급히 집을 나서려다 멈추고 생각했다. 할아버지도 나도 휴대폰이 없었다.

'내가 백화점으로 가면 아이를 찾을 수 있나?'

'집으로 오는 연락은 누가 받지?'

'아이를 발견한 사람이 전화할 수도 있으니 집에서 전화를 기다리는 게 맞나?'

'경찰에 신고해서 도움을 청해야 하나?'

'조금 더 기다려볼까?'

한 시간 정도는 집에서 연락을 기다리는 것이 더 낫겠다 싶었다. 뉴스에서 본 잃어버린 아이를 오랜 세월 찾아다닌다는 사람들이 떠올랐다. 불안한 마음에 거실을 왔다 갔다 했다. 거실 전체에 평화로이 퍼지는 생상의 멜로디는 내 귀에 들어오지도 않았다.

십 분…….

이십 분…….

삼십 분…….

일 분 일 분이 이렇게 길다는 걸 처음으로 느꼈다. 그렇게 거의

40분이 넘어갈 무렵 현관문을 여는 소리가 났다. 얼굴에 발갛게 열이 오른 진제였다.

"진제야."

후다닥 달려가서 아이를 꼭 껴안았다. 얼마나 다행인지 몰랐다.

"엄마, 백화점이 복잡해서 할아버지 손을 놓쳤어요. 근데 여기저기 찾아봐도 할아버지하고 효빈이가 안 보였어요. 그래서 백화점에서 나왔어요."

"할아버지 전화를 받고 알았어. 백화점에서 너 잃어버려서 찾고 계신대. 근데 너 집까지 어떻게 왔어?"

걱정하고 계실 할아버지와 연락할 방법이 없었다. 집으로 전화를 주시기만 바랐다.

"우리 집 앞으로 지나다니는 68번 버스가 저 건너편에 보이기에 지하도를 건너갔어요. 근데 기사 아저씨가 반대로 간다 하셨어요. 그래서 다시 건너왔지요."

"68번 버스를 기억했구나?"

"네. 집 앞에서 68번 버스를 본 기억이 났어요."

"차비는?"

"버스 정류장에 서 있는 어떤 아주머니께 부탁했어요. 집에 가는 차비가 필요한데 이백 원만 빌려달라고 말씀드렸어요."

"그랬더니?"

"'너 혼자 버스를 타고 가?' 하고 물으시길래 할아버지 손을 놓쳐서 혼자 집으로 가는 버스를 탄다고 말씀드렸어요. '집까지 찾아갈 수 있어? 조심해라' 하시면서 천 원을 주셨어요."

"그래? 정말 고마운 아주머니네. 빌린 돈 갚아야지. 연락처는?"

"아! 맞네. 연락처를 못 물어봤어요."

그때 집 전화가 울렸다. 할아버지였다.

"아버님, 진제가 방금 집에 왔어요. 혼자 버스 타고 왔대요. 염려 마시고 조심히 오세요."

"아이고, 다행이다. 요 녀석을, 집에 가서 보자."

안도하시는 할아버지의 목소리에 손주를 향한 사랑이 가득 묻어났다. 할아버지는 효빈이 손을 잡고 거의 두 시간 동안 온 백화점을 샅샅이 뒤졌다고 하셨다. 집에 오셔서 진제를 보자마자 등을 탁 하고 때리셨다.

"이놈의 자식, 할아버지 손을 놓치면 그 자리에 있어야지. 너 혼자 집에 오면 어떻게 하냐?"

"아야. 할아버지, 죄송해요. 할아버지가 안 보여서 가신 줄 알았어요."

"내가 너를 두고 어디를 가? 다음에는 손 놓치면 그 자리에 꼭 있어라."

"예."

나는 할아버지가 방으로 들어가신 후 진제에게 말했다.

"할아버지가 너무 놀라서 그러시는 거 알지?"

"예."

"우리 진제 울고불고하지 않고 차비 빌려 버스 타고 집에 오는 걸 보니 많이 컸네."

"헤헤. 근데 엄마, 빌린 돈 어떻게 갚지요?"

"그분이 연락처를 안 주신 건 받을 생각이 없다 싶네. 네가 커서 어려운 이웃을 도우면서 갚는 것이 좋을 거 같아."

"아, 그런가요. 좋아요, 엄마."

당시 유치원에 다니던 진제는 할아버지의 손을 놓치고 집까지 찾아오면서 많은 것을 배웠으리라. 평소에 주변 상황 눈여겨보기, 어려운 상황에서 지나가는 분에게 도움 청하기, 연락처 알아오기, 버스가 두 방향으로 간다는 사실까지.

진제가 네댓 살쯤 되었을 때 나는 진제와 한 살 어린 효빈이를 데리고 쇼핑센터에 자주 갔다. 주차동과 쇼핑동이 통로로 연결되어 있었다. 진제는 호기심이 많고 워낙 발이 빨라 나보다 앞서가곤 했다. 나는 혹시 아이를 놓치게 될까 봐 걱정이 되어 주차동에 차를 세우고 위치를 알려주었다.

"3층 2D 보이지."

"네."

"엄마 차 번호 알지?"

"네. OOOO."

"만약 엄마가 안 보이면 다른 데 가지 말고 주차한 이곳에 와서 벽 쪽으로 붙어 있어."

"엄마는 지금 OO91호 가게에 일이 있어."

"제가 그 가게에 먼저 가 있어도 돼요?"

"그래. 효빈이 데리고 천천히 갈게. 뛰다가 사람과 부딪히면 다칠 수 있으니 조심하고."

진제는 쇼핑동으로 가는 연결 통로로 폴짝거리며 뛰어갔다. 당시 진제는 가게 번호를 보고 찾아가는 것을 놀이처럼 재미있어 했다. 잠시 후 가게에서 진제를 만나면 "잘 찾아왔네. 엄마 여기에 있을게. 다른 곳 구경하다가 OO91호로 찾아와" 하고 말해주었다.

진제가 재미있어 하는 '번호로 가게를 찾는 놀이'는 작은 성공 경험이었다. 성공 경험은 자아존중감을 상승시키는 데 영향을 준다. 심리학자 쿠퍼스미스는 '아이의 성공과 실패 경험', '중요한 타인으로부터 받은 칭찬 경험'이 자아존중감에 중요하게 작용한다고 말했다. 자아존중감을 높이려면 부모가 성공 기회를 제공해주고 칭찬하는 습관을 길러야 한다. 자아존중감 향상을 위한 성공과제는 거창한 게 아니라 사소하고 작은 일에서 시작된다.

시부모님과 우리 부부는 아이들에게 위험하지 않으면 무엇이든

지 해보게 했다. 효빈이가 태어난 지 얼마 되지 않았을 때다. 25개월 정도 된 진제는 모빌 단추 누르는 것을 좋아했다. 그때마다 잘했다고 박수를 쳐주었다. 칭찬을 받아 신이 난 진제는 음악에 맞춰 거실을 돌며 춤을 추곤 했다. 조금 더 자라서는 상을 차릴 때 수저를 바르게 놓기, 집 앞 슈퍼에서 식료품 사오기 같은 심부름을 자주 부탁했다. 빠뜨리지 않고 거스름돈까지 정확하게 챙겨오는 진제에게 "고맙다. 확실하네" 하는 칭찬을 해주었다.

단, 한 가지 유의할 부분이 있다. 여기서 성공 경험이란 어른의 잣대가 아니라 아이가 호기심을 보이는 것을 스스로 만족할 만큼 잘 해내는 것을 의미한다는 점이다. 아이가 호기심을 좇아 스스로 행동하도록 두는 것이 곧 성공 기회를 늘려주는 것이다.

3.
생활 속 놀이로
수학, 과학의 원리 깨우쳐주기

겨울방학이었다. 진제가 4학년, 효빈이가 2학년 때였다. 나와 아이들은 그 방학을 원없이 누렸다. 직장에 다니느라 평소 못 챙겨주어 방학 때만이라도 전업주부 엄마처럼 해주고 싶었다. 아이들이 어려워하는 수학·과학의 원리가 생활 곳곳에 있었다. 그래서 방학 동안 아이들과 함께 만들기와 생활 속 실험을 놀이 삼아 해보기로 했다.

하루는 도형 전개도를 함께 만들기로 했다. 엄마와 함께한다고 아이들은 신이 나 있었다. 전개도를 그려 도형을 만드는 놀이였다. 아이들이 전혀 모르는 내용이므로 전개도로 입체도형을 만들려면 풀을 붙이는 곳까지 그려야 한다고 설명했다. 나는 아이들에게 육면체의 전개도를 스케치북에 그린 후 풀을 붙이는 곳이 어딘지 예측해보게 했다.

"오늘은 종이로 주사위를 만들어볼까?"

"네. 종이로 어떻게 만들어요?"

"그림을 그려서 접고 풀로 붙이면 되지."

"재밌겠다."

전개도를 그리려면 기본 개념을 알아야 했다. 나는 아이들에게 상비약 통에 있는 종이 상자를 펴서 보여주었다.

"이렇게 펴면 전개도, 이렇게 접으면 입체도형."

"이것처럼 주사위를 만들어보자. 먼저 전개도를 그려봐."

"네."

"풀을 붙일 곳도 표시해둬."

"네."

아이들은 풀을 붙일 곳을 찾아 전부 표시했다.

"이제 입체로 만들어보자. 어디에 풀을 칠해야 하나."

"여기요."

"여기에 '풀 붙이는 곳'이 있네. 접으면 여기와 여기가 만나서 겹치네."

아이들은 종이를 접어보더니 풀칠하는 곳이 중첩된 부분임을 발견했다.

"이 두 개 다 할 필요는 없네. 한쪽만 있으면 되네요. 흠, 여기는 잘라도 되겠군요."

"빙고. 맞닿는 부분 중 한 곳만 남겨서 풀을 붙이면 되겠지?"

아이들은 전개도를 직접 오리고 풀칠을 해서 육면체를 완성했다. 평면 그림이 입체 도형이 된 것을 보고 아이들은 손뼉을 치며 좋아했다. 원뿔도 만들었다. 아이들이 놀이처럼 재미있어 하니 나도 덩달아 즐거웠다. 고학년 때 배우게 될 도형을 미리 만들어본 놀이라고 할까.

'루루' 2003. 1. 15.

진제야, 벌써 새해 15일이 되었네.

어제 낮에 햇살 가득한 거실에서 너희들은 도형 전개도를 만들며 처음엔 어려워했지. 그런데도 끝까지 함께 오리고 붙이고 하던 그 모습이 대견 했어. 엄마는 그런 시간이 참 소중해. 방학 때 계획 없이 놀거나 여러 학원을 왔다갔다 하는 학생들이 있다고 들었는데 너는 계획을 세워 실행하는 모습이 참 믿음직하구나.

또 한 가지. 방학 특강에 간 여동생을 데리러 가는 너의 따스한 마음에 엄마는 감동받았어. 컴퓨터 선생님이 알려주시더라. 어디에 내놓아도 믿음직한 진제구나 싶어.

진짜 한 해가 빨리 끝나네요. 저도 어제 면체 만들기(전개도)를 하는 시간이 퍽 재미있었어요. 원뿔 만들기는 참으로 신기했어요. 다음에도 그런 만들기 시간을 가졌으면 좋겠어요.

당시 참고했던 또 다른 교재는 미국 과학교사였던 J. P. 반클리브의 저서 《재미있는 과학탐구》시리즈 중 화학분야 도서였다. 101가지 실험 중 몇 가지를 아이들과 놀이처럼 했다. 물리, 천문학,

생물, 수학, 지구과학 실험도 각 권으로 나와 있다.

무지개 물탑 쌓기 실험도 했다. 용매, 용질, 용액, 용해도와 농도 개념까지 다 배울 수 있는 실험이었다.

"자, 컵 다섯 개를 나란히 놓자."

"같은 양의 따뜻한 물을 부어야 해. 뜨거우니 조심."

"맨 앞에 놓은 컵에는 설탕 안 넣는다. 그 옆에는 이 스푼으로 반 스푼."

"저을까요?"

"그래. 다 녹을 때까지 저어줘."

"효빈아, 그다음 컵 저어줄래?"

컵 다섯 개에 설탕을 한 스푼씩 더 넣어 다 녹이게 했다. 그리고 컵에 순서대로 물감을 풀었다. 빨-주-노-초-파 순서대로.

"자, 지금부터 스포이드로 파란색 설탕물을 덜어 눈금실린더에 넣어야 해."

"제가 먼저 해볼게요."

진제는 항상 호기심에 먼저 하려 했다.

"다음에는 무슨 색 넣을까?"

"초록색 넣어야 할 거 같아요."

"왜?"

"순서대로 있으니까."

"오호. 눈치 백단. 그 이유는 설탕이 많이 녹으면 무거워지거든. 자, 효빈이도 해볼까."

효빈이가 조심스럽게 초록색을 넣었다. 그다음엔 진제, 다음엔 효빈이, 마지막엔 내가 정말 조심스럽게 눈금실린더 안쪽 벽을 따라 흘려 넣었다. 무지개 물탑이 완성되었다. 아이들은 정말 좋아했다. 그날 찍은 사진 속 아이들은 헝클어진 머리와 내복 차림으로 거실 바닥에 엎드려 무지개 물탑을 보고 있는 모습이었다.

하브루타 교육을 오래 연구한 부천대 전성수 교수는《부모라면 유대인처럼 하브루타로 교육하라》에서 배움의 가장 큰 비극은 '놀이'와 '공부'를 분리한 것이 원인이라고 지적했다. 모든 부모가 바라는 '스스로 즐겁게 공부하는 아이'로 키우기 위해서는 공부를 놀이처럼 하면 가능하다. 호기심으로 가득한 아이들은 주변 모든 것에 관심을 갖는다. 모르는 것을 하나하나 알아가는 과정 자체를 놀이로 여기게 해주려면 기다리는 자세가 필수이다. 좀 더 빨리, 좀 더 많이 배우기를 강요하는 부모가 아니라 아이 스스로 관심을 나타낼 때까지 기다려주면 아이는 배움을 놀이로 즐기게 된다.

전성수 교수는 그의 저서에서 호기심이 지식으로 이어지는 과정을 다음과 같이 제시했다.

"관심은 스스로 발전하고 진화하려는 속성이 있다. 물고기로 시작된 아이의 관심은 어류, 포유류, 기후 같은 인접 분야로 자연스럽게 옮아간다. 이 모든 과정이 '선 호기심, 후 지식'순으로 이루어지며 매 단계마다 순수한 지적 재미와 쾌감을 동반한다. 즉 알아가는 과정 자체가 재미가 되는 것이다."

4.
스스로 계획을 세우도록 하고
점검해주기

"지난 학기 동안 수고했어. 이제 방학이다. 자, 거실로 모이자."

아이들은 초등학교 때부터 방학이 시작되면 자기만의 방학 계획을 세웠다. 학기 중엔 바빠서 하지 못했던 수영이나 탁구, 볼링 같은 스포츠를 하고 싶어 했다. 나는 교과목 중 꾸준히 해야 하는 영어나 수학은 빠뜨리지 말라고 조언했다. 인생을 즐기는 데 필요한 피아노, 리코더, 클라리넷 같은 음악적인 요소도 넣도록 했다. 늦잠도 실컷 잘 수 있도록 과제수행 방식으로 짜게끔 했다. 아이들이 방학 계획을 세울 때는 다음의 규칙을 따르게 했다.

방학 계획을 세울 때는

1. 학기 중에 하고 싶었던 것을 원하는 대로 정하기.
2. 일일 분량은 할 수 있는 만큼 본인이 정하기.
3. 계획서는 모든 가족이 볼 수 있는 장소에 붙이기.

4. 실행 시간은 자율적으로 정하기.

5. 당일 과제를 마치면 나머지 시간은 자유로이 활용하기.

6. 단, 일요일은 비워두기.(주중에 실천하지 못한 과제를 보충하거나 온전히 쉬기)

7. 날마다 과제 실천 정도를 계획서에 표시하기.

8. 개학 이틀 전에는 실천 결과를 계산하고 분석하기.

9. 실천한 비율에 해당하는 보상하기.(서점에 가서 원하는 책 구입하기)

계획-실천-분석하는 과정은 아이들이 살아가는 내내 활용해야 한다. 자기가 계획하고 실천하고 그 결과를 꼼꼼히 살펴보는 것은 삶을 주도적으로 꾸려나가는 데 필요한 능력이다.

개학 이틀 전, 함께 거실에 모여 계획이 어느 정도 달성되었는지 스스로 챙겨보게 했다. 결과는 '백분율'로 계산했다. 저학년 때 백분율을 간단히 설명해주고, 아이들이 스스로 계산하게 했다. 가장 열심히 한 과제와 가장 소홀히 한 과제를 찾아보고 소홀히 한 이유도 분석해보도록 했다. 다음 방학 때 같은 실수를 하지 않기 위해서였다. 실천 비율이 아무리 낮아도 아이가 해낸 만큼 칭찬했다. 그날은 대형 서점에 들러 두세 시간 동안 각자 책을 보고 실천 비율대로 책을 사주었다. 물론 맛있는 식사도 같이 했다.

진제와 효빈이는 방학 때 늦잠도 실컷 자고, 하릴없이 뒹굴기도 했다. 자기가 하고 싶은 일 위주로 긴 방학을 보낸 아이들은 다음

학기 내내 선생님과 친구들과 함께하는 학교생활을 진심으로 즐겼다.

다음 [예시]는 아이들이 세운 방학 생활계획표다.

[예시] OO의 방학 생활계획표(표시 방식: O, △, X)

과제 / 날짜	방학과제	학습 요소 수학 (개념, 20문제 풀기)	영어 (단어 30개 독해 5page)	독서 (30-50장 이상)	예체능 요소 피아노 (30분 이상)	줄넘기 (1단 300회 2단 50회)	게임 (2~3시간)	기타 (일기)	비고 (초등 때와 중등 때 과제 차이가 있음)
12.29.(토)	O	O	O		O	O	X	O	
12.30.(일)	일주일간 빠뜨린 요소 보충하기, 다 한 경우 충분히 놀기								빠뜨린 것 보충
12.31.(월)	X	O	O	X	O		O	O	
01.01.(화)	X	O	O			X	X	X	영화 보기
01.02.(수)	O	X	O	O	O	O			
01.03.(목)		O		X	X		O	X	
01.04.(금)	O	X	X	X		O		X	
01.05.(토)	X	O	O	O		O		O	
01.06.(일)	일주일간 빠뜨린 요소 보충하기, 다 한 경우 충분히 놀기								빠뜨린 것 보충
01.07.(월)	O	O	O		O	X		O	
중략									
01.23.(수)	실천비율 계산								서점

[O=1, △=0.5, X=0, 백분율(%) = O수/전체 칸수, 100~80%: 도서 3권, 79~60%: 도서 2권, 59~0%: 도서 1권]

저학년 때는 실천 비율이 50퍼센트도 되지 않았다. 계획대로 실천하는 일이 얼마나 어려운지 아이들도 엄마인 나도 경험했다. 그래도 실천한 부분에 대해서는 반드시 칭찬해주었다. 초등학교 저학년에서 고학년, 중학생으로 갈수록 실천 비율은 점차 상승했다. 스몰 스텝 전략으로 전 세계 많은 사람의 인생을 바꿔놓은 로버트 마우어는 "큰 목표는 실패할 확률이 높고, 작은 목표는 성공할 확률이 높다"라고 하였다. 다년간 이런 방학을 보낸 아이들은 학습은 물론 예체능도 즐겼다. 여유 시간을 어떻게 하면 즐길 수 있는지, 자기에게 어떤 재능이 있는지도 발견하였다. 무엇보다 큰 성과는 학교생활 전반에 걸쳐 주도적인 청소년으로 성장했다는 사실이다.

아이의 행동은 한두 번 만에 눈에 띄는 변화가 일어나지 않는다. 오랜 시간 믿고 기다려주는 부모의 태도가 아이를 변화로 이끌 수 있다. 아이가 어떤 계획을 실천할 때 비효율적이거나 개선이 필요하다 싶으면 아이의 의견을 들은 후 조언해주면 된다. 자신의 의견이 수용되는 경험, 부모의 조언을 자기 생각과 융합해본 아이들은 현명한 판단을 어렵지 않게 해낸다.

5.
어려움과 불편함이 가져다주는
선택과 집중

　중학교 1학년이 된 진제는 짧은 스포츠형 머리 덕분에 한층 어른스러워 보였다. 별 어려움 없이 중학교 생활에 잘 적응하고 있는 줄 알았다. 하루는 저녁을 먹고 거실 소파로 가니 앉아서 기다리고 있던 진제가 입을 열었다.

　"엄마, 어떻게 해야 할지 잘 모르겠어요."

　"왜? 무슨 일 있어?"

　"제 짝이 수업시간에 고개를 흔들며 '음. 음' 하고 이상한 소리를 계속 내요. 그것 때문에 신경이 쓰여서 수업에 집중하기가 힘들어요."

　"계속 그런 소리를 내면서 고개를 흔든다고? 일부러?"

　"아니요. 처음에는 장난인 줄 알았는데, 그 친구 버릇 같아요."

　"그래? 틱인가?"

　"틱? 그게 뭐예요?"

　"스스로 조절이 안 되는 행동이나 소리를 내는 증상이야."

"그런 게 있어요? 왜 그러는 거죠?"

수년 전에 행동 틱 학생을 담임한 적이 있었다. 그 당시 학부모 면담을 하면서 틱의 원인이 다양하다는 것과 본인도 조절하기 어렵다는 것, 스트레스를 받으면 더 심해진다는 사실을 알게 되었다.

"틱의 원인은 아주 다양한데 두뇌 시스템이 불안정해서 생긴대. 어릴 때 주로 나타났다가 성장하면서 사라지기도 한대. 어떤 경우에는 스트레스를 받으면 더 심해진대. 전에 그런 학생을 담임한 적이 있어."

"그래요?"

"참 안타깝네. 그나저나 짝의 행동 때문에 수업에 집중하기 어려운 이 상황을 어찌해야 할까?"

"흠……."

"담임선생님께 말씀드렸니?"

"아니요."

"엄마가 좀 도와줄까?"

"아니요. 좀 더 있어 보고 말씀드릴게요."

'진제가 조금 더 있어 보자고 하니 지금은 기다려야겠군' 하고 일단 아이 의견대로 기다리기로 마음먹었다.

나의 하루하루는 정말 바빴다. 새벽 5시 30분경에 일어나 식사 준비와 출근 준비를 동시에 했다. 학교에서는 수업 외의 업무가 더 많아 일주일에 삼 일은 퇴근 시간이 예상보다 늦어지기도 했다. 집에 가자마자 반찬을 두어 개 만들어 저녁상 차려서 시부모님, 아이들과 함께 먹었다. 퇴근이 늦는 남편과 시동생의 저녁상은 거의 매일 따로 차려야 했다. 그나마 아이들이 자기 할 일을 잘하고 있어서 내가 따로 챙길 일은 별로 없었다.

이렇게 바쁜 일상으로 한 달이 지나버린 어느 날 아들과 했던 이야기가 갑자기 생각났다. 수업에 방해받고 있다고 한 말을 잊고 살다니……. 아차 싶었다. 나도 참 무심했다고 반성하면서 진제에게 물었다.

"진제야, 지난번에 수업 방해받는다고 했던 그 일, 어떻게 됐어?"

"아아, 그 일. 이젠 괜찮아요."

"해결되었구나. 혹시 짝 바꿨니?"

"아니요. 아직 그 짝하고 앉아 있어요."

"그래? 그런데 이젠 괜찮다는 말이 무슨 뜻이야?"

"이제는 짝이 머리를 흔들고 소리를 내도 수업시간에 방해받지 않게 되었어요."

"정말로? 어떻게?"

"짝이 그렇게 해도 선생님 말씀을 집중해서 들으려고 한동안 애를 썼어요. 그랬더니 어느 순간부터 행동이나 소리가 안 들리고 수업을 잘 들을 수 있게 되었어요. 신기하게도. 히히히."

"너 진짜 대단하네. 어떻게 그런 해결법을 생각했어?"

"엄마가 말씀하셨죠. 틱 증상은 자기 의지와 상관없는 증상이라고. 짝은 얼마나 힘들까 하는 생각이 들었어요. 내가 수업 방해받는 것만 생각해서 짝을 바꾸게 되면 새로운 짝이 힘들어진다. 우리 선생님은 매일 짝 바꾸는 일을 신경 써야 한다. 자꾸 자리를 바꾸다 보면 내 짝은 자기가 친구들 수업을 방해한다는 생각을 할 것이고 스트레스가 더 심해질 것이다. 가장 좋은 해결은 내가 적응하는 길이다. 이런 생각을 했어요. 수업시간마다 선생님께 집중하려고 연습했어요. 그리고 어느 순간부터 짝의 증상과 무관하게 선생님 말씀에 집중하게 되었어요."

진제는 선택적 집중을 수업시간에 활용하고 있었다. 선택적 집중이란 기능적 가치가 큰 자극이나 목표와 관련된 자극에 주의를 집중하고 그 이외의 자극을 무시함으로써 주의 집중을 하는 것이다. 진제는 수업이라는 목표에 주의를 집중하였고 짝의 행동이나 소리는 무시하는 주의 집중을 하게 되었다는 말이었다. 중학교 1학년인데 어떻게 그런 생각까지 했을까 싶어 대견했다. 한 달 전에 진제에게 이야기를 들었을 때 나는 '짝을 바꾸는 것이 최선이다. 조금 기다려보고 계속 수업에 방해받는다고 하면 담임선생님과 의논해야겠구나' 하고 생각했다. 이기적인 내 모습이 정말 부끄러웠다. 그나마 진제 의견을 수용하고 기다리면서 나서지 않은 게 얼마나 다행인가?

진제는 나에게 "좀 더 있어보고 말씀드릴게요"라고 말한 후 스스로 여러 해결책을 찾아보고 가장 현명한 판단을 했다. '현명(賢明)하다'의 사전적 의미는 "어질고 슬기로워 사리에 밝다"라고 나와 있다. 슬기롭고 사리에 밝으려면 적어도 고등학생은 되어야 한다는 막연한 내 생각을 뛰어넘은 진제. 그것도 중학교 1학년인 진제는 해결책을 스스로 찾고 진정한 배려를 실천하고 있었다.

이 일 이후 나는 아이들 의견을 더 열심히 듣고 존중하게 되었다. 아이들에게 배우는 엄마인 나도 그전과는 다른 현명한 엄마가 될 수 있다는 자신감이 생겼다. 아이들은 양육 인생의 스승이었다.

6.
꾸준한 격려로
자발적 행동 이끌기

학교 대표로 선발된 창작영재 효빈이와 수학영재 진제가 남부 교육청 영재 선발 고사장에 나란히 들어갔다. 진제는 효빈이를 고사실까지 데려다주는 늠름한 오빠였다. 그로부터 일주일 만에 선발시험 결과가 나왔다. 진제는 남부 수학영재 합격, 효빈이는 남부 창작영재 불합격이었다. 효빈이가 눈물을 흘리는 것을 보니 마음이 무척 아팠다. 그래서 '루루'에 글을 남겼다.

'루루' 2005. 1. 20.

효빈아, 오빠는 합격, 효빈이는 불합격이어서 무척 실망이 컸지? 오빠도 4학년 때 시험 못 쳤어. 지금 너도 4학년이네. 엄마가 학원을 보내지 않으니 지원이 약해서인가 하는 생각이 드네. 끝내 눈물을 흘리는 네가 너무 가여워 엄마도 아빠도 참 난처했단다. 5학년, 6학년때 열심히 책 읽고 독후감 쓰다 보면 중학영재가 될 수 있을 거야. 그리고 또 안 되면 어때? 너무 신경 쓰지 않아도 돼. 그래도 미련이 남는 그 맘은 충분히 이해가 돼.
널 사랑하는 맘은 늘 똑같아.

내가 공부 안 해서 그래.
슬퍼하지 마.
엄마는 뭘 그런 걸 가지고 난처해하냐??
그냥 운 거야.
괜찮아.

효빈이의 아픈 마음을 그대로 받아주는 방법을 몰라서 나는 어설픈 위로를 전했다. 삼 년이 지나 효빈이가 중학교 1학년이 되었다. 중간고사 결과를 가지고 온 효빈이가 말했다.

"엄마, 나 공부 안 할래."

"갑자기 왜 그런 말을 하지?"

"아무래도 나는 공부에 관심이 안 가고 성적을 올릴 수가 없어."

"그래? 공부를 안 한 건 아니고?"

"공부가 하기 싫어. 한 집에 공부 잘 하는 자식 한 명만 있으면 되는 거잖아? 우리 집은 오빠."

효빈이는 오빠 성적이 잘 나오는 것이 부러운 모양이었다. "공부 열심히 해라", "성적 올려라"라는 말을 한 번도 한 적이 없는데 스스로 오빠하고 비교해서 일찌감치 포기하고 싶은 듯했다. 그래서 나는 '루루'를 통해 다음과 같은 글로 효빈이를 지속적으로 격려해주었다.

'루루' 2007. 5. 29.

박효빈, 중간고사 결과가 나왔다. 정확히는 몰라도 성적이 1/3 정도였다. 그래도 영어는 만점이었다. 네가 방실방실, 종알종알 기죽지 않아서 정말 좋다. 공부는 노력하면 올라갈 수 있으니……. 1학년은 공부하는 습관을 형성하는 시기. 우리 딸, 파이팅!

그러나 내 기대하고는 달리 효빈이는 그 후로 시험공부를 하지 않았다. 2학년 중간고사 결과는 엉망이었다. 그래서 '루루'에 이렇게 썼다.

'루루' 2008. 5. 22.

충격적인 성적, 많이 섭섭하다. 미안해하는 효빈이의 표정을 보니 혼내기도 그렇고……. 하지만 열심히 한다고 스스로 말했으니 믿어줘야지. 그래도 이건 역사의 한 페이지를 장식할 성적이다. 자식 교육법이 잘못되었나 싶어 슬프다. 조금만 노력하면 될 텐데.

결코 머리가 나쁜 게 아니라 노력이 부족해서라고 본다.

시력이 매우 나빠 칠판 글씨가 안 보여 수업시간에 이해가 안 된다 하면서도 안경이 어울리지 않는다고 안 쓰고 다니네. 허허, 효빈이에게 중요한 것이 무엇인지…….

깊이 생각하는 현명한 효빈이가 되어주었으면 좋겠다.

어영부영 중학교 3학년이 되었다. 어느 날 저녁을 먹으며 효빈이가 말했다.

"엄마, 나 HM여고에 가고 싶어."

"왜 하필 그 학교로 가고 싶어?"

"오늘 우리 학교에 HM여고 언니들이 홍보하러 왔는데, 그 학교 좋더라."

"어떤 점이 좋았어?"

"대학에 갈 때 내신 받기가 수월하다고 하더라고. 공부를 열심히 할 자신이 없는 나 같은 아이들이 다니기 딱 좋은 학교래."

"그래? 그럼 그렇게 해. 근데 한 가지만 참고로 말해줄게. 네 목표가 대학 진학이라고 했지. HM여고에서 대학으로 진학할 수는 있어. 그런데 입학한 후에 대학 공부 따라가기가 힘들어 졸업이 어려울 수 있어. HM여고는 특성화 고등학교라 일반계 고등학교에서 배우는 교과목과는 차이가 있어서 그래."

"그래도 나는 친구들하고 HM여고에 가기로 약속했어."

며칠이 지났다. 효빈이가 물었다.

"엄마, 혹시 계모야?"

"엥? 뜬금없이 무슨 말이야?"

"내가 특성화 고등학교에 간다고 했을 때 왜 안 말렸어?"

"네가 가고 싶어 하기에 안 말렸어. 그게 잘못인가?"

"나하고 같이 HM여고 가기로 한 친구들은 전부 엄마에게 등짝까지 맞으면서 심하게 혼났대. 친구들이 혼 안 낸 엄마가 이상하다고 했어."

엄마의 조언은 들은 척도 않던 효빈이가 친구 말을 듣고는 일반계 고등학교로 간다고 계획을 바꾸었다. '친구 따라 강남 간다'는 말처럼 친구 말을 부모 말보다 더 잘 받아들이는 사춘기 여학생이었던 효빈이는 치마도 짧게 줄이고, 화장도 하고, 외모 꾸미기에만 관심을 가진 평범한 학생이었다.

나는 효빈이가 공부를 안 하겠다고 해도, 특성화고를 간다고 해도, 성적이 잘 나오지 않아도 혼내지 않았다. 성적이 잘 나오지 않으면 또 어떤가? 모든 아이들이 공부를 잘할 수는 없다고 생각했다. 내 딸이라서 공부를 잘해야 한다는 법이라도 있는가? 혼낸다고 해결될 문제가 아니라 생각했다.

효빈이의 태도가 달라진 건 고등학교 2학년 말이었다. 시험 기간을 며칠 남겨둔 시기에는 새벽 네 시에 일어나 공부했다. 어렵다면서 손놓고 있던 수학도 인터넷 강의를 반복해서 들으며 문제를 풀고 또 풀었다. 책상에 앉아 공부에 집중하는 시간이 많아졌다. 효빈이의 변화된 태도를 격려하며 내 기분을 '루루'에 썼다.

'루루' 2011. 12. 11.

효빈이는 시험 결과가 별로라네. 진제도 그러던데. 그래도 본인들이 제일 신경 썼을 텐데……

효빈아, 이제 딱 1년 남았다. 효빈이가 참으로 열심히 공부하고 있어서 난 뿌듯한 적이 많다. 난 너무 졸려서 자는데 효빈이는 끝까지 공부 다 하고 자고, 4시, 5시에도 일어나서 공부하고…… 어리기만 한 줄 알았는데 아니었네?

효빈이는 자기 나름대로 집중력을 발휘해서 최소 시간으로 최대 효과를 발휘하는 효율적인 삶을 살고 있네?

와! 나보다 훨씬 낫다.

세계적인 부모교육 전문가인 마이클 H. 팝킨은 그의 저서 《부모 코칭 프로그램 적극적인 부모역할》에서 자녀가 발전하고 노력한 부분은 바로 격려하라고 말했다. 그는 이런 격려가 자녀의 긍정적인 변화를 계속 이끌어내는 좋은 방법임을 강조했다.

졸업할 때 효빈이 성적은 최상위권까지 급격한 상승 곡선을 그렸다. 나중에 물어보니 등수가 오르는 것에서 흥미를 느꼈다고 했다. 당시 효빈이가 덧붙인 말에서 나는 부모의 역할을 배웠다.

"엄마 아빠가 조용히 믿고 지켜봐주고 있었기 때문에 늦게라도 불이 붙었던 것 같아. 공부를 강요했으면 난 계속 안했을 걸."

7.
인생을 풍성하게 하는
취미를 즐기도록 해주기

　몇 년 전 여름방학이 끝날 무렵, 서울에서 대학원을 다니고 있던 진제가 전화를 했다.

　"엄마, 얼마 전 파리 샤를드골공항에서 특별한 경험을 했어요."

　진제는 평소답지 않게 조금 흥분한 채 말을 이어갔다.

　"공항 로비에 누구든 연주할 수 있는 피아노가 놓여 있었어요. 새하얀 피아노 앞에 갑자기 앉고 싶었어요. 마음이 시키는 대로 했죠. 의자에 앉아 잠시 눈을 감고 호흡을 가다듬은 후 쇼팽의 야상곡 2번을 연주했죠. 엄마 생일 선물로 연주해드린 그 곡이요. 연주하는 내내 야상곡의 아름다운 선율에 푹 빠져 있었죠. 곡이 끝나자 주변에서 박수 소리가 들렸어요. 그제야 정신이 들었어요. 지나가던 여행자들이 엄지를 치켜들어 '브라보'를 외쳤어요. 순간 부끄러웠지만 뿌듯함도 컸어요."

　진제와 통화하는 내내 나는 머릿속으로 그 장면을 그렸다. 내 가슴이 콩닥콩닥 뛰고 있었다.

오래전 일이 머릿속에 떠올랐다. 초등학교 저학년인 아이들과 함께 뉴질랜드를 여행하다 한적한 도로변 식당에 들어섰다. 가이드로 보이는 사람의 안내를 받아 움직이는 사람들, 음식을 나르는 사람과 그 사이를 오가는 손님들로 식당 안은 북적였고 빈자리가 없었다. 잠시 입구에 서서 기다리던 우리 일행은 이층 가운데 자리로 안내받았다. 이층으로 가니 한쪽에 피아노가 놓여 있었다. 아이들이 연주해도 주인은 아무 말을 하지 않았다. 아무나 앉아서 연주할 수 있는 피아노라고 했다. 우리 아이들이 피아노를 배운 지 삼 년, 한두 곡은 연주할 수 있을 거라 생각하고 물었다.

　"진제야, 저기 피아노 보이지? 혹시 한 곡 연주할 수 있어?"

　"엄마, 저 악보 없으면 못 쳐요."

　"효빈아? 넌?"

　"나도 악보 없으면 못 치는데……."

　"그래? 삼 년 정도 배웠으니 두세 곡은 연주할 줄 알았는데."

　내 욕심일 수도 있지만 '귀국하면 암보해서 연주할 수 있는 곡을 준비하라고 조언해야겠다' 하고 생각했다.

　진제가 중학교 1학년 때였다.

　"엄마, 생신이 다 되어 가네요."

　"어머나, 잊고 있었는데."

　"엄마, 생신 선물 뭐 해드릴까요?"

"네가 선물을 해준다면 받고 싶은 것이 딱 하나 있다."

"뭐예요?"

"네가 연주하는 쇼팽의 〈야상곡 2번〉을 듣고 싶어."

"그게 어떤 곡이죠?"

"집에 악보 있어. 자, 여기."

"처음 보는 곡이지만 한번 해볼게요."

진제는 곡을 훑어보더니 곧바로 연습하기 시작했다. 처음에는 오른손으로 멜로디만 익혔다. 어느 정도 익힌 후에는 양손으로 더듬거렸다. 다음 날도 그다음 날도 한두 시간씩 꾸준히 연습했다. 연습한 만큼 야상곡은 아름다운 멜로디로 변해갔다.

내 생일이 되었다. 진제는 느낌을 조금 덜 살리긴 했어도 악보를 보지 않고 쇼팽의 〈야상곡 2번 내림 마장조〉를 연주했다. 온몸으로 스며드는 감동이었다. 내 느낌 그대로 진제에게 말했다.

"내가 좋아하는 곡을 진제가 열심히 연습해서 들려주니 정말 행복하다."

"히히, 쑥스러워요. 엄마가 행복하다니 저도 기분 너무 좋아요."

"너의 피아노 연주는 엄마에게 최고였다. 연습하느라 힘들지는 않았어?"

"엄마 덕분에 저도 좋은 곡을 알게 되었어요. 다른 곡도 원하시면 연습할게요."

"그래? 그렇다면 넉 달 후 엄마, 아빠 결혼기념일에 네가 연주하는 쇼팽의 〈즉흥 환상곡〉을 들을 수 있을까?"

"헤헤. 엄마, 저 피아노 연습시키는 거죠?"

"그렇게 보이니? 좋아하는 곡을 네 연주로 듣고 싶은 것뿐이야."

나는 목표를 정해놓으면 반드시 도달하려는 성향이 진제에게 있다는 것을 알았다. 기뻐하는 내 모습을 본 진제는 뿌듯해하였다. 자신의 노력이 엄마를 행복하게 해드려서 기분 좋다고 말한 진제는 쇼팽의 〈즉흥 환상곡〉도 연습하겠다고 했다. "칭찬의 궁극적인 목표는 내적 동기를 불러일으키는 데 있다"는 말처럼 진제의 내적 동기는 엄마가 행복해하는 모습을 보는 것이었을까?

'루루' 2006. 02. 08.

〈야상곡〉, 〈고엽〉은 들을수록 기분이 좋아진다. 진제는 힘든 것 같은데 난 자꾸 연주해달라고 조르고 싶다.

[내가 상상하는 진제의 미래]

피아노와 클라리넷을 연주하고, 수학에 심취해 있으며, 업무 차 해외를 왕래하는 삶. 가끔 휴가 때 볼링과 탁구를 즐긴다. 여름에는 수영장에서 온 가족이 함께하고 겨울에는 스키를 타러 훌쩍 떠나기도 한다. 친구들과 골프도 곧잘 치리라. 행복한 진제의 가족들이 내 눈에 보이네.

인생을 즐길 줄 아는 사람.

효빈이는 〈엘리제를 위하여〉를 시초로 영화 〈비투스〉, 〈말할 수 없는 비밀〉, 〈피아니스트〉 속 삽입곡들을 직접 연주하며 즐기기도 했고, 진제와 곡의 느낌을 이야기하기도 했다. 나는 그런 아이들을 보기만 해도 행복했다.

평생을 살아가면서 즐길거리가 없어서 불행했던 사람을 떠올리면 버지니아 울프의 아버지 레슬리 스티븐이 생각난다. 그는 학창 시절 성적이나 직업으로 보면 성공한 〈영국인명사전〉의 편집인이었을 뿐만 아니라 당대에 손꼽히는 교양인이었다. 하지만 공부 외에 그 어떤 예술적 취미생활도 하지 않았다. 교수 시절 그의 제자들에게 예술가는 지나치게 감정적이고 개인 세계에 매몰되는 면이 있으니 절대로 예술을 하지 마라고 지도했다고 한다. 그러나 육십오 세 이후 주변으로부터 고립된 후 딸에게 자신은 지식과 창의성 면에서 본다면 절름발이 학자, 즉 이류 지성인이었음을 고백했다고 한다. 살아가면서 사람들과 교감하는 데 음악, 미술, 연극, 오페라를 즐기는 것이 중요했음을 뒤늦게 깨달았던 것이다.

나는 우리 아이들이 자신의 재능 외에도 예술과 스포츠도 즐길 줄 아는 사람으로 성장하도록 지원하고 싶었다. 그건 '심리적 비타민'이 되기 때문이다. 살아가는 데 필요한 심리적 비타민은 사람마다 다르겠지만 우리 아이들에게는 피아노 연주나 스포츠가 그에 해당하길 바랐다. 아이들은 일상에 치져 휴식이 필요할 때면

피아노 연주나 탁구라는 비타민을 섭취하며 행복해 했다.

진제가 초등학교 4학년쯤 되었을 때 라디오에서 흘러나오는 곡을 듣더니 "엄마, 이 곡 굉장히 익숙해요. 무슨 곡이죠?" 하고 물었다.

"네가 엄마 뱃속에 있을 때, 그리고 신생아 때 듣던 멘델스존의 〈바이올린 협주곡〉이야."

"그럼 제가 그때 들은 것을 기억하는 걸까요?"

"몸에 새겨졌을 걸. 아마도."

아이들은 중·고등학교 때부터 클래식 음악 덕분에 맘이 편해진다는 말을 자주 했다. 친구들은 가요를 좋아하지만 클래식 음악이 훨씬 좋다고 했다. 대학 시절 교양수업으로 클래식 음악 관련 과목을 들으며 행복해 했다. 스트레스가 쌓일 때는 피아노를 연주하는 게 약이라고 했다. 나를 위해 피아노를 연주해준 적도 많았다. 가끔은 영화음악 악보를 다운받아 연주하곤 했다. 태교로 들려준 클래식 음악이 아이들 인생에 행복의 주춧돌 중 하나로 박혀 있는 듯했다.

멀리 있는 진제는 지금도 가끔 말한다.

"피아노 연주가 너무 하고 싶어서 갈증이 나요."

효빈이는 이렇게 말한다.

"스트레스 쌓일 때는 피아노를 실컷 연주하면 편안해지곤

해요."

　진제와 효빈이는 이제 음악을 즐기는 어른으로 성장했다. 인생 전체를 행복하게 살아가려면 여러 가지 준비가 필요하겠지만 그 중 하나는 확실히 갖춘 것 같아 뿌듯하다.

8.
스스로 움직일 때
아이들은 목표를 달성한다

과학고등학교에 합격한 진제가 '루루'에 쓴 글을 한 달 정도 지나서야 봤다. 앞에서부터 차곡차곡 써왔는데 평소와는 달리 빈 페이지를 한참 넘긴 다음에 써서 미처 보지 못했다. 다른 점이 하나 있다면 단정해진 글씨와 길어진 분량이었다. 정성껏 온 마음을 표현한 듯 보였다.

'루루' 2007. 11. 22. 상당히 추움,

심심해서 '루루'를 한번 펼쳤는데 보이는 건 죄다 답을 기다리는 엄마의 편지뿐……. 내가 쓴 건 반성문만 있는 것 같네. 글을 적어본 지도 오래되어서 적기도 어려워지고 그래서 더 안 적는 것 같음…….

그런데도 꿋꿋이 저의(!) 역사를 기록해나가는 서기인 전 여사께 진심으로 감사드립니다. 지난 석 달, 특히 last 한 달은 엄마 고생이 무척 많으셨어요. 몇 가지 일화를 들자면, 경성대 앞에서 엄마와 만나기로 했는데 정확한 장소를 몰라 헤맸던 기억, 해운대로 저를 데리러 오시다가 교통사고 날 뻔했던 일, 엄마가 저를 데리러 해운대로 갔는데 아빠가 의논 없이 저를 태우고 와서 엄마 혼자 되돌아오신 적……. 기본 30~40분쯤 기다리시면서 "진제 태우려고 기다리는 시간은 오히려 즐겁다"라는 말씀까지 해주셔서 많이 죄송하고 더욱 감사합니다.

이제 제가 가고 싶은 고등학교에 들어가서 고생을 덜 하려고 또 남은 3개월간 열심히 해야 하네요. 엄마의 지원이 참 든든한 힘이 되는군요. 하하.

엄마 최고다! 앞으로도 열심히 살겠습니다. 파이팅!!

한 줄 적는 것조차 힘들어 하던 진제가 과학고등학교 입학을 앞두고 '루루'에 쓴 글을 읽고 한참 동안 감동에 젖어 있었다. 중학교 3학년 2학기에 과학고 입학이라는 목표를 세운 진제는 선발시험까지 남은 삼 개월 동안 오로지 공부에만 매진했다. 취미생활을 다 끊고, 게임은 쳐다보지도 않았다. 잠도 줄이고 저녁도 김밥으로 때우면서 자신의 부족한 부분을 메꾸느라 최선을 다했다. 그 동안 내가 해준 것은 지극히 기본적인 지원뿐이었다.

그러고 보니 어린 진제가 이만큼 자라는 동안의 추억들이 떠올랐다. 어릴 때부터 진제는 수학을 좋아하고 재미있어 했다. 6학년 때 남부교육청에서 주관하는 중학교 수학영재에 선발되었다. 영어는 프리토킹(Free Talking) 학원, 피아노는 개인 레슨을 받았다. 탁구와 볼링은 아빠하고 즐기고, 방학 때는 수영 강습을 받으면서 교과 학원은 일체 가지 않았다. 하교해서는 자기 전까지 PC게임만 했다. 게임하는 진제의 뒷모습을 보며 '이렇게 둬도 될까?' 하는 불안감이 떠나지 않았었다.

진제가 중학교 1학년 때였다.

"네가 수학을 좋아하니 과학고나 영재학교에 진학하면 적성에 딱 맞을 거 같네."

"네. 잘 알겠습니다."

진제는 공허하게 대답했다. 엄마로서 뒷바라지가 부족한 것은 아닌지, 커서 원망을 듣지나 않을지 불안하고 걱정스러웠다.

중학교 2학년이 되었을 때도 말했다.

"한국과학영재학교에 진학하면 노트북 한 권씩 배부한다더라. 그 노트북으로 공부도 하고 게임도 할 수 있지 않을까? 집중해서 공부하고 게임도 한다면 얼마나 좋아?"

학습용으로 배부한 노트북으로 게임을 할 수는 없겠지만 적성에 맞는 고등학교로 진학하기 위해 애써주었으면 하는 바람으로 한 말이었다. 진제는 여전히 듣는 둥 마는 둥 했다.

"저렇게 매일 PC게임만 하게 내버려둬도 괜찮을까?"

"불안해하지 마. 어느 순간 본인이 필요하다 느끼면 그때 다 해. 남자들은 철이 좀 늦게 드는 편이지."

남편은 매번 내가 불안해할 때마다 중심을 잡아주었다.

진제는 중학교 3학년 1학기가 되자 드디어 진학에 관심을 갖기 시작하더니 영재학교에 원서를 넣어보겠다고 했다. 영재학교는 몇 년간 쌓아온 연구 결과물을 박스로 제출해도 합격을 보장할 수 없다는 학교였다. 아무 준비도 하지 않은 진제는 원서와 함께 생활기록부 출력물과 자소서만 제출했다.

발표 당일 담임선생님과 컴퓨터로 결과를 확인한 진제에게서 문자가 왔다.

"엄마, 불합격."

"아이고, 저런! 아쉽다. 괜찮아?"

"착잡해요……."

"힘내."

퇴근 후 만난 진제는 기가 죽어 있었다.

"엄마, 떨어지고 나니 기분이 별로 안 좋네요."

"그래. 좋을 수가 없지. 엄마도 섭섭하고 아쉽다. 미리 이끌어주지 못해 미안하기도 하고. 하지만 서울에 가려면 비행기, 기차, 버스 등 다양한 방법이 있듯이 대학에 가는 길도 다양해. 영재학교 대신 일반계 고등학교에 가도 원하는 대학에 가는 방법을 찾을 수 있을 거야. 힘내."

진제가 충격에서 빨리 벗어나기를 바랐다. 힘이 빠진 모습으로 일주일을 보내더니 진제가 다시 입을 열었다.

"엄마, 저 ○○과학고등학교 가고 싶어요."

"그래? 왜?"

"영재학교 떨어진 게 창피해서 ○○과학고등학교는 꼭 가야겠어요."

"그래? 네 적성에 잘 맞는 학교긴 하지. 선발시험이 어렵다던데."

"그래서 학원에 좀 다녀야 할 것 같아요. 어디로 가면 좋을까요?"

"엄마는 학원을 전혀 모르는데 어떻게 하지?"

"엄마, 제가 친구들에게 한번 물어볼게요."

"그래. 그게 좋겠네."

수학을 좋아하니 과학고에 다니는 것이 일반계 고등학교보다 적성에 잘 맞겠다 싶었다. 그 당시 과학고 진학을 목표로 정한 아이들은 초등학교 때부터 특목고 준비 학원을 다녔다. 하지만 진제는 중학교 3학년이 되도록 아무런 준비도 하지 않았다. 방과 후 컴퓨터나 휴대폰으로 게임만 하고 있는 진제를 보신 할머니는 "우리 진제네 학교 선생님들은 숙제 안 내주시나? 집에서 숙제하는 모습을 볼 수가 없네" 하는 말씀을 자주 하시기까지 했다.

친구에게 학원 정보를 알아보고 온다더니 며칠 지나지 않은 저녁에 진제가 불쑥 말했다.

"엄마, 저 다음 주 월요일부터 ○○○학원 다니기로 했어요."

"언제 결정했어?"

"오늘이요. 친구들이 추천해줘서 학원 원장님 만나 상담하고 등록하기로 약속하고 왔어요."

"그래? 혼자서? 대단하네. 네가 공부하는 동안 엄마가 뭘 해주면 되지?"

"두 가지만 해주세요."

"두 가지? 그게 뭘까?"

"학원비 내주시는 거."

"학원비? 그건 지원해줄 수 있어. 커서 갚을 거라고 약속하면."

"네. 갚을게요."

"그다음은 뭐지?"

"수업 마치는 밤 열두 시 반에 학원까지 데리러 와주셔야 합니다."

"그렇게 늦게?"

"네. 시험까지 시간이 얼마 없어서 하루 수업시간이 길어요."

"흠…… 만약 엄마가 피곤해서 그 시간에 자면 어떻게 하지?"

"지하철이 끊긴 시간이니까, 엄마는 소중한 아들을 잃어버리게 되겠죠."

"우하하, 그건 안 되지. 내가 잠을 좀 줄여야겠네."

"감사합니다."

"근데 언제까지 해야 해?"

"선발시험 볼 때까지 딱 석 달만 해주세요."

이렇게 진제는 원하는 고등학교에 진학하기 위해 스스로 '특목고 대비 학원'에 등록했다. 짧은 기간 동안 부족한 실력을 쌓으려고 게임도 완전히 끊었다. 저녁은 학교 수업을 마치자마자 분식집에 들러 삼각김밥과 우유로 해결했다. 학원에서의 시간을 한순간도 낭비하지 않았다. 이미 삼십 퍼센트 이상 진도가 나간 시점에 등록한 진제는 못 배운 앞부분을 쉬는 시간 틈틈이 친구에게 물어서 따라잡았다. 석 달 동안 매일 밤 열두 시 반까지 공부하느라 힘들었을 텐데도 지친 기색조차 없었다.

속담에 "거미도 줄을 쳐야 벌레를 잡는다"는 말이 있다. 모든 일은 준비가 있어야 결실을 맺을 수 있다는 의미다. 필요성을 느끼지 못하던 1, 2학년 때는 아무리 얘기해도 꿈쩍 않더니 어느 순간 진제는 그때와는 완전히 달라진 태도로 시험을 준비하고 있었다.

한 달이 지났을 무렵이었다. "많이 힘들지? 그렇게 좋아하던 PC게임 안 하고 싶어?" 하고 물었다. 그러자 진제가 "엄마! 전에는 PC게임이 제일 재미있었어요. 근데 요즘은 수학문제 푸는 게 엄청 재미있어요. 게임할 때의 재미하고는 종류가 달라요. 문제가 어려울수록 쾌감이 커요. 풀고 나면 더 어려운 문제에 도전하고 싶어요"라고 말하는 게 아닌가.

그 말에 이젠 됐다 싶었다. 아이는 적성에 맞는 공부를 찾아 성취감을 느끼고 있었다. 가만히 두어도 저절로 굴러갈 준비가 된 것이었다. 당시 내가 해준 것이라곤 영양제 챙겨주기와 마치는 시간에 아이를 데려오는 일이 전부였다. 숫자만 보면 따라 다니던 꼬맹이가 중학교 3학년이 되어서야 적성을 제대로 찾은 것 같아 정말 기뻤다. 얼마 후 진제는 원하는 목표를 이루었다.

9.
부족과 결핍을 이기는
작은 관심 보여주기

나는 워킹맘이다. 직장에서 퇴근한 후에는 식사 준비와 집안 청소에 에너지를 썼다. 그리고 나면 쉬어야 했다. 진제가 중학교 입학하던 시기에 대학원을 다니게 되었다. 주중 삼 일은 퇴근 후 대학원 수업, 주말에는 대학원 관련 상담학회에 참석했다. 아이들에게 자기 일은 스스로 해야 한다면서 거의 챙겨주지 않았다. 진제가 많은 시간 게임하는 것을 보고 걱정도 했지만 할 일은 한다고 판단했기에 내 일에 전념했다.

그런 와중에 그나마 잘했다고 생각하는 것이 있다. 수학을 좋아하는 진제의 적성을 파악해서 가끔 관련 정보를 준 일이다. 그 당시 《과학동아》나 신문에서는 이공계 분야의 새로운 직업을 자주 소개했다. 관련 글을 눈여겨본 후 흘리듯 말해주곤 했다. 하지만 진제는 거의 관심을 보이지 않았다. '언제쯤 내 말에 관심을 가지게 될까?', '어떻게 하면 게임을 줄이고 제대로 된 공부를 할까?' 하는 생각을 한 적도 많았다.

"말을 물가까지 끌고 갈 수는 있어도 물을 먹일 수는 없다"라는 말이 있다. 강요하지 말고 스스로 필요를 느낄 때까지 기다리라는 의미다. 자녀가 훌륭하게 성장하기를 원하는 부모가 갖추어야 할 중요한 덕목 중 하나가 '기다림'이 아닐까 싶다.

《과학동아》를 정기 구독한 지 몇 년이 지났을 때였다. 그때 나온 기사 중에서 나의 관심을 가장 많이 끈 것은 퀀트라는 직업이었다. 애널리스트가 증시분석 전문가라면 퀀트는 최첨단 공학기술까지 파악하고 있는 애널리스트라고 했다. 팀으로 운영되는 그들의 직무는 첨단 기술공학 발달 정도와 증시의 흐름 간의 관계를 실제로 분석하는 일이라고 했다. 수학을 좋아하는 진제가 퀀트라는 직업명만이라도 알았으면 하는 바람으로 '루루'에 적었다.

'루루' 2006. 02. 14.

진제야, 어제 개학했네.

비 오는 아침 아무 말 없이 깔끔하게 인사하고 등교하는 진제를 태워주고 싶었으나 엄마가 출근 준비하는 시간이 길어져서 아쉬운 마음뿐이었다.

엄마가 《과학동아》를 보다가 '퀀트'라는 새로운 직업을 알게 되었어. 네가 좋아하는 수학을 전공한 사람들이 진출하기 쉬운 유망한 직업이래. 퀀트는 수학이나 공학, 컴퓨터 공학에 재능을 가진 사람들이 첨단 공학기술까지 파악해 증시의 흐름을 좌우하는 요소를 실제로 분석하는 일을 하는 전문가를 말한대.

상대를 나와야 금융 계통에 종사하던 사회는 벌써 과거의 일이 되었네. 금융시장의 성패는 이공계 출신의 비율에 따라 좌우된다는 기사도 참 흥미 있었다.

저녁을 먹으며 너에게 쉽게 설명하려고 애썼어. 생각의 변화가 많이 일어나기를 기대하지만 내 과한 욕심이 아닌가 생각해본다. 엄마를 위해 <고엽>, <쇼팽의 야상곡>을 분위기 있게 연주하던 너의 손놀림을 보며 오늘도 보람을 느낀다.

적성에 맞는 직업인 것 같아 추천하긴 했으나 진제가 원하는지는 모를 일이었다. 몇년이 흘렀다. 중학교 3학년때부터 자기 진로에 관심을 가지더니 고등학교 2학년 때 대학교에 입학 원서를 넣게 되었다. 그때도 직장 업무를 집에까지 가져와서 일처리를 해야 했기에 진제의 대학진학에 대해 의논을 제대로 해본 적이 없었다. 혼자 잘한다고 믿고 있었기에 "네가 알아서 결정해, 엄마는 잘 몰라서"라거나 "담임선생님하고 의논해, 엄마보다 전문성이 높으시니" 하는 말을 했었다. 대학진학 정보는 진제의 능력과 적성을 알고 있으며 다년간 학생들의 진학지도를 해오신 학교 선생님 도움이 훨씬 필요하다는 생각을 하고 있었다. 진제도 "엄마, 이거 해주세요. 저거 해주세요" 하는 말을 하지 않아서 신경을 거의 쓰지 않고 있었다.

평소 주말에 집에 와서 설거지하는 내 곁에 서서 기숙사 생활의 에피소드나 자신의 변화에 대해 위트 있는 얘기로 즐거움을 주곤

하던 진제의 태도가 변한 것을 느꼈다. 묻는 말에만 퉁명스럽게 대답하고 약간 짜증을 내고 있는 게 느껴졌다. '이런 애가 아니었는데, 피곤해서 그런가?' 하고 여겼다. 등교하는 진제를 보내고 나서 '루루'에서 진제의 글을 보게 되었다.

엄마, 요즘 제가 너무 까칠하게 군 거 같아 죄송해요. 자기 전에 말로 부탁드리려 했는데 잘 안 돼서 편지로 남깁니다.

생각해보면 엄마는 저를 진짜 많이 도와주십니다. 물리 올림피아드 하는 곳까지 태워주시고, 갈비탕 먹고 싶다 하면 바로 해주시고, 용돈이 모자랄까 챙겨주시고, 서울대 문제도 뽑아주시고, 자기소개서도 봐주시고, 우산도 챙겨주시고……

요 며칠 동안 해주신 것만 생각해도 이렇게 많네요.

근데 저는 왜 이러지요. 면접 일자가 점점 다가와서 그러는 건지 아니면 단순히 관심을 더 가져달라는 어리광인지. 항상 잘해주시다가 "그건 네가 알아서 해라" 하는 말씀 때문에 잘해주신 것보다 약간 무관심한 부분이 문득 떠올라 툭 내뱉고 상처를 드린 것 같아요.

엄마도 직장이 있고 제가 해야 할 일들도 있는데 말이죠. 제가 무의식적으로 DH 엄마, SJ 엄마 같은 지원을 원하는 것 같아요. 상황이 안 되는 걸 알면서도……

죄송합니다.

딱 한 가지, 입시에 관해서 관심을 좀 가져주시면 안 될까요. 부탁하겠습니다.

아, 또 부탁. 제 미국 여행 사진으로 만든 포토 스토리 조만간 보여주세요.

오늘 영화 보러 가자고 하셨는데 전 별일도 없으면서 귀찮아서 안 간다고 했어요. 죄송해요. 복수하지 마시길. 대신 다음 주말에 제가 선봉에 설게요. 탁구나 영화, 원하는 거 다 말씀하세요.

이번 한 주도 연수 열심히 하시고 웃는 얼굴로 주말에 봐요. 사랑합니다.

- 아빠 닮아 표현이 좀 안 되는 (엄마 닮은) 진제

아이들은 엄마가 교사라서 좋다고 말은 했지만 가끔은 집에 있는 엄마를 바랐을 것이다. 직장생활을 하지 않는 엄마들은 대입정보를 얻기 위해 입시설명회를 찾아다니면서 아이들을 뒷바라지한다고 들었다. 하지만 나는 그렇게 하기 힘든 상황이었다. 진제가 항상 그래왔듯이 모든 것을 스스로 해나가기를 바랐다. 입시정보를 제대로 챙겨주지 못한 점을 당연하게 생각했다.

진제가 쓴 글은 워킹맘인 나를 돌아보게 했다. 엄마 역할을 한다고 했으나 아이가 구체적으로 원하는 게 뭔지에는 무심했다. 평소에 혼자 잘하고 있어서 "네가 알아서 해" 하는 말을 자주 했는데 그 때문에 무관심한 엄마로 보였구나 싶었다. 친구 엄마들이 필요한 정보를 찾아 전해주는 것을 본 진제 입장에서는 많이 부러웠을 거라는 생각이 들었다.

주말 동안 진제의 무표정한 얼굴, 평소와는 다른 짜증 섞인 말들이 뇌리를 스쳐갔다. 영화 보러 가자는 제안을 거부한 것도 그 이유였구나 싶었다. 많이 섭섭했을 진제에게 달려가서 미안하다고 말해주고 싶었다. 진제는 말로 하면 표현이 과격해질까봐 '루루'에 정중히 부탁을 해둔 것이었다. "딱 한 가지, 입시에 관해서 함께 관심을 좀 가져주시면 안 될까요. 부탁하겠습니다"라고 워킹맘인 내게 강펀치를 날린 셈이다. '마지막에는 포토 스토리, 탁구, 영화 이야기를 하며 글을 읽고 놀랐을 나를 챙기려는 마음까지 썼구나' 하는 생각이 들자 눈물이 핑 돌았다.

얼마 후 진제는 S대 수리과학부에 지원했다. 좀 봐달라는 부탁을 받고 직접 쓴 자소서를 읽어 내려갔다. 졸업 후 희망하는 진로에 '퀀트'가 적혀 있었다. "퀀트를 썼네. 어떤 일인지 혹시 알아봤어?" 하고 묻자 "예. 예전에 엄마가 '루루'에 써둔 것을 봤어요. 이번에 직무를 세세하게 찾아보니 상당히 매력적이라는 생각이 들었어요" 하고 말했다.

중학생 때는 무관심했지만 때가 되면 엄마가 해준 말이나 '루루'에 쓴 글을 기억하고 관심을 갖는구나 싶었다. 직업 이름만이라도 기억했으면 하는 바람이 이루어졌다는 생각에 엄마 역할을 좀 했다 싶어 그 전 주에 힘들었던 기분이 많이 나아졌다. 이 일로 인해 아이들은 부모의 말 한마디조차 흘려듣지 않고 오래오래 가슴에 새김을 알 수 있었다.

아이 챙기는 일을 주부라서 더 잘한다고 말할 수는 없다. 워킹맘은 시간을 유동적으로 활용할 수 없지만, 그 와중에도 아이를 챙기는 방법은 분명히 있다. 먼저 "요즘 뭐 필요한 거 있니?" 하고 직접 물어보거나 구체적인 요구를 파악해서 아이가 원하는 방향으로 지원하는 것이다. 바쁠 때는 "말 안 해도 알겠지?"라고 생각하거나 "네가 알아서 해라" 보다는 "OO일로 바빠서 너를 도와줄 수 없어서 정말 미안하다. 혼자 할 수 있겠니?" 아니면 "OO쯤 바쁜 일이 끝날 것 같으니 기다려 줄 수 있겠니?" 하며 이해를 청하는 방법도 있다. 어떤 방법을 선택하더라도 아이가 섭섭하게 느끼지 않도록 하는 것이 중요하다.

아이의 말과 행동을 유심히 관찰하면서 요구를 알아차리는 것, 저녁 시간이나 주말에 뉴스를 함께 본 후 각자 생각을 나누며 가치관이 다를 수도 있음을 인지하는 것도 좋은 방법이다. 그리고 가끔 고급 정보가 생기면 아이들에게 슬쩍 알려주는 방법도 권할 만하다.

10.
갈등이 생겼을 때는
상대부터 헤아리기

대학교 1학년인 효빈이에게 워킹 홀리데이를 권했다. 세상이 급변하고 전 세계 소식을 실시간으로 접하는 새로운 세상에 효빈이가 적극적으로 도전하기를 원했다. 효빈이는 일 년 동안 생각한 후 호주로 가기로 결심하고 떠나기 사 개월 전에 출국 항공권을 예매했다.

출국하기 한 달 반 전에 효빈이와 나 사이에 큰 갈등이 있었다. 효빈이를 제대로 이해하지 못한 나의 잘못과 갱년기로 인한 나의 짜증 섞인 말투가 원인이었다. 효빈이는 출국하기 전에 친구들, 선후배, 동아리 사람들, 함께 활동한 학생회 사람들과 이별할 시간이 필요했다. 매일 바쁘게 다니고 늦게서야 들어왔다. 출국 준비는 하나도 하지 않는 것 같아서 목구멍까지 올라온 잔소리를 꾹 누른 채 몇 주를 지켜보고 있었다.

"다녀왔습니다."

"어서 와."

효빈이가 거실에 드러누우며 말했다.

"버스 타고 한 시간을 오니까 너무 피곤하다."

"버스 타고 오는 게 피곤해? 네가 운전도 안 하잖아. 넌 엄살이 좀 심해."

반은 농담, 반은 진담이었다.

내가 이렇게 말하자 효빈이의 표정이 싸하게 변했다.

"엄마, 말 정말 기분 나쁘게 한다."

그러고는 일어나더니 제 방으로 들어가서 방문을 쾅 닫았다. 나는 효빈이에게 "많이 피곤해?" 하고 좋게 말하지 않은 것을 후회했다. 평소처럼 농담이었는데 그렇게 예민한 반응을 보이는 효빈이에게 섭섭하기도 했다.

눌러둔 잔소리거리가 마구 떠올랐다. 워킹 홀리데이 가기 전에 알차게 몇 달간 준비해야 되는데 효빈이는 시간이나 돈을 허투루 쓰는 것 같았다. 구체적인 계획은 세우지 않고 마치 여행 가는 것처럼 '어찌 되겠지' 하는 식이라 답답하게 느낀 날들이 꽤 길었다. 비행기 타고 열 시간이 걸리는 호주에서 무슨 일이 생길지 모르는데 대충대충 하는 것 같이 보였다. 시험도 미리 공부하지 않고 허겁지겁 치는 듯 보였다.

한동안 눌러둔 모든 불만이 머리 위로 올라왔다. 밤새 잠을 설쳤다. 평소에 그렇게 따스한 말을 많이 해주었는데 어쩌다 농담 섞인 말 한마디 했다고 예민하게 반응하는 효빈이의 행동에 마음이 무너졌다. 하지만 효빈이가 '루루'에 쓴 글을 보고 효빈이 상황을 다 헤아리지 못했음을 알아차렸다.

10/28(?) 그날은 8시부터 10시까지 회화학원에서 공부를 마치고 버스 맨 뒷자리에 앉아 집에 오는 동안 편히 자려고 노력한 날이었다. 몸이 피곤하고 뻐근한데다 신경이 예민해져 있었다. 거기다 꼬리뼈 통증까지. 정류소에서 버스를 갈아타려고 봤더니 방금 떠난 뒤였다. 추워서 걸어가지도 못 하겠고 조금 더 가서 다른 버스를 타기로 했다. 평소 같으면 1분 안에 올 버스를 5분 이상 기다려야 했다. 자다가 깨서 춥고 예민한데 버스까지 늦게 오니 신경이 곤두서지 않을 수 없었다.

집에 와서 거실에 잠깐 뻗었다. 그때 엄마가 "버스 타고 오는 게 뭐가 피곤하니?" 하는데, 순간 오늘의 설움을 토로하고 이해받고 싶어졌다. 나는 '위로받고 싶은데 엄마가 내 속을 몰라주네' 하는 생각에 "엄마가 한 시간 동안 버스 타봐. 뒷좌석에 앉아서"라고 해버렸다. 그때까지도 나는 엄마가 위로해주기를 바랐다. 하지만 "너는 엄살이 좀 심하다" 하는 말을 들으니 너무 서럽고, 그렇게 치부되기는 싫었다. 예민한 컨디션에 "엄마는 말을 진짜 기분 나쁘게 한다" 하고 그냥 내 방으로 들어갔다.

엄마는 많이 속이 상했나 보다. 설거지를 끝내고 방에 들어가 방문을 잠그고 혼자 잠들었는지 불도 꺼져 있었다. 내가 심했나 하는 생각에 방으로 빨래 배달을 다녔다. 엄마의 방문이 잠긴 걸 그때서야 눈치 챘다. 내가 단단히 잘못했구나.

다음 날은 늘 같이 나가는 날이라 자고 일어나면 괜찮을 거라고 생각했는데 그

것도 아니었다. 엄마는 내가 늦게 일어나서인지, 화가 나서인지, 나를 보기 싫어서인지 혼자 학교에 가셨고 나는 나대로 갔다. 엄마가 많이 속상하셨구나 싶어 카톡을 보냈는데 답이 없었다. 그날 저녁 나는 전부터 꼭 가고 싶었던 서울로 떠났고 며칠 후에 돌아왔다. 그 사이에 엄마는 감기에 걸려 많이 아프셨던 것 같다. 아빠 말씀으로는 괜찮아졌다는데 콜록거리는 엄마, 마치 내가 병을 준 것 같다는 생각에 죄책감이 점점 커져만 갔다.

어느 날 엄마의 진심을 알게 되었다. 그날 그렇게 이야기한 내면에는 첫째, 내가 외국에 가서 잘해낼 수 있을지 걱정과 불안이 가득했고, 둘째, 엄마의 기대치에 부응하지 않는 평소 내 생활습관에 대한 불만도 섞여 있었다. 그때 나는 엄마의 걱정과 불안한 마음을 몰랐다. 그저 엄마의 신경질이라고 치부해버린 내가 어리석었다는 생각에 눈물이 났다. 엄마는 크고 지혜롭고 더 많은 것을 생각하고 근심하고 있었다. 나는 작고 어리석고 근시였다. 엄마의 모든 말이 잔소리가 아니라 날 위한 것이라는 느낌이 확 와닿았다.

하지만 눈물을 보이고 싶지 않았다. 그러면 엄마는 나를 그저 혼나서 우는 애로 볼 수도 있으니까. 또르르 눈물만 흘렸다. 직접 계획을 세우고 예산안을 짜니 '참 돈이 많이 드네. 이럴 수가 있네' 하고 새로이 생각할 기회가 많아졌다. 그리고 이해했다. 엄마가 답답해하던 이유를.

11월 8일 오늘, 나는 고3 때 친구들과 만나 술을 한잔했다. 한 친구가 자기 아버지의 위대한 면과 자기를 믿어주시는 것에 대한 것을 이야기하며 눈물을 흘렸다. 그 순간 우리 부모님이 생각났다. 늘 예뻐만 해주는 우리 엄마.

"할 수 있을 때 다해라. 엄마가 다 대줄게. 네가 커서 다 실패하고 돌아와도 엄마는 널 받아줄게.",

늘 내 생각만 하는 우리 아빠.

"네 안전이 우선이다. 허허. 아빠가 알아볼게. 괜찮아. 괜찮아."

내가 많이 큰 만큼 부모님도 나이를 많이 드셨다. 나에게 아낌없이 주는 나무들
이지만 내가 가장 존경해야 하고 정말 존경하고 마음 한 켠에 고이 간직해둘 두
분이다. 모든 부모님은 멋진 사람들이지만 우리 엄마, 아빠는 최고다. 모든 면에
서. 오늘 친구들을 만나 가장 크게 얻은 깨달음이다. 늘 알지만 잊고 있던 것이
기도 하다.

자식은 부모에게 죄를 짓기 쉽다. 사랑을 당연시하고 등한시한다면 더더욱. 나
는 그랬던 것도 같다. 이 노트만 보더라도.

오늘은 참 많은 것을 반성하는 날이다. 엄마랑 사랑이 샘솟던 몇 주 전으로 돌아
가고 싶다. 꼭 껴안고 도란도란 이야기를 나누고 싶다. 오늘 있었던 일, 내 생각
을 말하며 서로 공감하고 책 이야기도 신나게 하고 싶다. '우리 사이가 회복되지
않을 수도 있을까?'라는 생각에 요즘 불안하다.

우리는 거의 열흘 동안 서로 마음을 닫고 지극히 기본적인 몇
마디만 주고받으며 맹숭맹숭하게 지냈다. 나는 효빈이의 깊은 생
각을 보고도 섭섭한 마음이 풀리지 않았다. 내가 먼저 가라고 해
놓고 한 달 있으면 호주로 떠날 딸이 보고 싶으면 어쩌나 하는 걱
정까지 하고 있었던 것은 아닐까.

시간이 지나자 갈등이 점차 해소되었다. 나는 엄마가 말을 함부
로 해서 미안하다고 했고, 효빈이는 엄마 마음을 헤아리지 못해
죄송하다고 했다. 나는 효빈이를 더 잘 챙겨주었다. 얼마 후 효빈
이는 호주로 떠나 일 년을 살았고, 세컨 비자를 받아 와서 2016년
에 다시 출국해 일 년을 더 살다 돌아왔다.

워킹 홀리데이를 한 이 년동안 효빈이는 내면적으로 많이 성장해 있었다. 책으로 배울 수 없는 인생의 참된 가치를 정립하고 있었다. 그리고 이런 이야기를 내게 쏟아냈다.

- 돈 버는 일이 만만찮더라구요. 용돈을 그냥 받아쓸 때는 전혀 몰랐어요. 그래서 펑펑 쓰기만 했던 것 같아요.
- 힘들긴 해도 내가 번 돈만으로 의식주를 해결할 수 있다는 사실이 뿌듯했어요.
- 호주 사람들의 마음에는 여유가 가득 있었어요. 잔디밭이 있는 곳에서는 누워서 하늘을 보고, 음악이 들리는 곳에서는 꼭 리듬을 타요.
- 도로를 달리다가 저 멀리 사람이 보이면 신호등이 없어도 차는 정지, 사람이 안전하게 지나간 것을 확인한 후에 다시 출발하는 교통질서가 놀라웠어요..
- '얼굴이 예쁘다'라고 말하는 것은 칭찬이 아니라 내가 상대를 평가하는 무례를 범하는 것이었어요.
- 내가 음식을 만들어 보니 대파 한 조각조차도 버릴 수가 없었어요. 그동안 엄마가 해준 음식을 자주 남기곤 했는데, 엄마의 정성을 버린 것 같아 너무나 죄송했어요.
- 하고 싶은 일은 적극적으로 나서서 찾아야 된다는 것도 영사관 인

턴활동 신청할 때 느꼈어요.

• 화장대에 올려놓은 쓰레기나 고장난 전등이 3일 동안 그대로인 것
  을 보면서, 평소 생각도 못 해본 곳들까지도 엄마의 손길이 닿고
  있었다는 걸 알게 됐어요.

이야기를 나누면서 다시 한 번, 출국 전의 갈등이 내 작은 오해
에서 비롯되었음을 알게 되었다. 가만히 두어도 이렇게 성장할 수
있는 아이의 잠재력을 몰라보고 지레 걱정하다가 생긴 일이었다.
만난 지 이십 년이 넘은 시점에서도 아이를 있는 그대로 이해하는
것은 어려웠다.

11.
'루루'를 통해 성장한
뿌듯한 아이들

한 문장을 완성하는 것이 세상에서 제일 어렵다고 하던 진제가 한 페이지씩 쓰는 날이 왔다.

'루루' 2013. 12. 25. 크리스마스

대단한 엄마! 사랑하는 엄마!

제가 어느새 대학교 4년을 마치고 인생의 발걸음을 한 단계 더 나아가네요. 시간은 나이만큼 빠르게 흘러간다는데, 정말 그런 것 같아요. 너무 빠르네요. 엄마는 어떠신지요?

제가 '대학원 합격', '기숙사 합격'에 이어 '장학금 합격' 소식도 들고 와야 하는데…….

대학에 들어갈 때랑은 또 다르게 등록금을 메꿔야겠다는 생각도 많이 합니다. 이제 대학원에 들어가서 방학도 없이 공부하면 더욱 공부가 재미있을까요? 또 막연하게 기대하고 있습니다.

어제 엄마랑 둘이서 걸었던 그 시간은 참 좋았어요. 모자 사이지만 지금껏 엄마와 많은 이야기를 하지 못했다는 게 느껴져서 죄송했어요. 짧은 시간이나마 그동안 하지 못한 이야기(저의 진로, 엄마의 생각, 인생은 홀로서기 등)를 나눌 수 있어서 너무도 소중한 시간이었답니다. 사랑해요.

저만 멀리 떨어져 지내다 보니 가족들이 어떻게 살고 있는지 궁금하기도 하고, 가끔 엄마표 음식도 먹고 싶네요. 앞으로 더욱 바빠지더라도 마음만은 계속 함께할 것입니다.

제 앞으로 펼쳐질 인생이 더욱 궁금해지는 하루입니다.

앞으로도 많은 이야기를 나누고 싶어요, 어머니!

면세점에 나갈 준비하기 위해 (급) 마무리합니다.

Merry Christmas!!

- 진제 -

'루루' 2016. 2. 15. 출발 (서울행) 직전

이번 일주일간 효빈이랑 많이 놀고 엄마, 아빠랑 함께한 1박 2일 경주 여행은 정말 뜻깊었습니다.

근 10년 만에 아빠 등도 밀어보고 가족이 다 같이 한산하며 님을 보내기도 하고 분위기 좋은 '우디토레'에서 좋은 시간을 보냈어요.

비록 휴대폰은 작살났지만 이 추억은 영원할 거예요.

다시 일상을 위해 올라가지만 엄마, 아빠께 당부 한마디 "건강이 제일입니다."

1. 엄마, 아빠 규칙적인 운동하기(주 2회 이상)

2. 새 학교에 가는 엄마, 이번에는 일 좀 줄여서 휴식을 취하세요.(몇십 년에 걸친 피로로 인한 스트레스성 질병을 예방하기 위해서요.)

　　- 엄마, 아빠와 오래 건강하게 볼링과 탁구를 즐기며 같이 놀고 싶은 진제 -

2016년 저의 계획

1. TEPS 730점 이상 올리기 → 전문 연구요원 합격하기(거의 완료 중).

2. 연구의 작은 성과 논문 발표하기.

3. 매주 2~3회 헬스, 수영으로 65kg 정도 유지하며 균형 있는 몸 만들기.

사랑해, 엄마! 고마워, 아빠!

'루루' 2017. 1. 6.

엄마는 '루루'를 읽는 데 한 30분 걸린다고 하셨는데 저는 한 시간이 좀 더 걸리네요. 읽으며 모난 성격인 제가 느껴집니다. 어린 시절 저는 저 이외의 사람이나 물건에 배려와 관심을 두지 않는 독불장군이었네요. 그런 아들을 사랑으로 키워주신 위대한 어머니, 아버지께 감사한 마음이 무한히 차오릅니다.

편지로 제 삶을 돌아보니 엄마가 언제나 먼저 저에게 대화를 시도하셨어요. 늘 "너는?"이라며 제 생각과 의견을 물어보셨지만 저는 못 보고 지나친 적이 많았네요. 아들과 대화하며 함께 지내는 시간이 길어야 20년이 채 안 될 거라는 엄마 말씀에 아쉬움과 씁쓸함이 느껴집니다. 동시에 (철없고 모난 아들을 훌륭하게 키워주신 엄마 덕에 바른 생각을 가지고 어느새 커버린) 저를 '깊은 생각을 공유할 수 있는 대화 상대'로 생각해주신다는 점, 그래서 더욱 대견해하시는 게 아닐까 하는 점이 느껴집니다.

엄마, 평소에 자주 편찮으시고 힘들어하시면서 서울에 있는 아들에게는 혹여나 걱정 끼칠까봐 한마디도 하지 않으시는 거 알아요. 저에게도 우리 가족의 일상과 사건들을 알려주세요. 엄마, 아빠의 건강, 아빠가 하시는 일, 집안 사정, 효빈이의 업적 등요.

연말부터 연초로 이어진 1박 2일 가족여행은 정말 뜻깊은 것 같아요. 체력의 한계를 넘어도 꾹 참고 같이(차에서 계속 자더라도) 다닌 엄마, 효빈이, 여행 계획을 다 조사하고 모든 운전을 도맡아 하시면서도(그 새벽에도) 단 한마디 불평도 하지 않으시는 멋진 아빠의 모습에서 가족을 위하시고 사랑하시는 게 느껴졌습니다. 새로운 2017년을 맞이하기 위한 해맞이 여행!

지난 2016년은 우리나라도, 우리 가족도 다사다난했지요.

- 할머니의 별세 ("크게 함 되어봐라"는 말씀, 가슴속 깊이 새겼습니다.)
- 아버지의 사업 추진
- 엄마의 해양 교재(주제 선택) 공저, 메니에르병 발병
- 효빈이의 호주 워킹 홀리데이(영어 실력이 늘고 외국 친구들을 만든 효빈이의 친화력에 감탄했어요)
- 저의 전문 연구요원 합격, 주식 개시(많은 공부를 했고, 이후 사회 전반에 관심이 생겼어요)

2017년에는 우리가 구룡포 도로 위에서 본 그 커다란 해만큼 큰 뜻을 이루는 한 해가 되길 진심으로 기원합니다.

저의 계획: 논문 한 편, 단계평가 통과(장학금 유지), 해외 교환연구(논문 이후), 가족들에게 더 관심 갖기, 성공적인 투자, 엄마에게 선물하기.

우리 가족들 엄마, 아빠, 효빈이 정말 너무너무 사랑합니다. 감사합니다.

- 진제 -

엄마의 계획:

한 해 푹 쉬면서 갱년기 증세 극복하기, 운동(주 3회, 댄스? 뭐하지?)

에필로그

나는 아직도 '루루'로 성장 중

이 책은 '엄마'라는 호칭이 주는 위대함에 조금이라도 가까이 가고자 한 노력과 정성, 아이들을 존중하려고 애쓴 흔적을 담고 있다. 세상에 같은 가족은 하나도 없다. 가족 구성도 집집마다 다르다. 살아가는 방식도 제각각이다. 그런 가운데 예전의 나처럼 아이에게 화내는 엄마라는 부끄러움에 좌절하면서 현명한 방식을 찾는 엄마도 있을 것이다. 모쪼록 좋은 엄마가 되고 싶은데 방법을 모르는 분들에게 이 책이 조금이나마 참고가 되기를 바란다.

책을 다 쓰고 보니 맨살을 드러낸 듯 부끄럽다. 지금도 양육 전문도서를 보면 배울 게 많다. 나를 바꾸려고 이십여 년을 노력해도 여전히 부족한 부분이 많다. 하지만 조금씩 더 괜찮은 엄마로 변화해 온 내게 양육법을 가르쳐준 사람은 바로 아이들이었다.

- 모든 사람은 생각이 다를 수 있음을 명심하라.
- 사람의 행동에는 반드시 이유가 있다. 내 관점에서 받아들이기 전

에 먼저 물어보라.

- 한 사람을 있는 그대로 인정해 주는 것이 존중이다.
- 난감한 상황이 생기면 한 발 떨어져서 들여다 보라.
- 내가 아는 것은 남들도 알고 있으니 말을 줄여라.
- 내가 경험한 것을 진리인 것처럼 일반화하지 마라.

화내며 지시하는 것보다 글로 감정을 표현하며 분노를 다스릴 수 있었던 '루루'는 상처를 만들지 않았다. 어른다운 엄마가 되고 싶어 반성하는 마음으로 쓰기 시작한 글이 지금은 아이들이 자라 온 세월만큼 남아 그것을 읽는 기쁨 또한 크다. '루루'는 성향에 잘 맞으면 정말 효율적인 양육방식임이 분명하다.

'루루'를 쓰는 동안 아이들도 다음과 같이 괜찮은 청년으로 자랐다.

- 남매가 중학교 때부터 서로 배려하고 존중한다.
- 사춘기가 언제였는지 모르게 지나갔다.
- 심리적 안정감으로 삶을 즐긴다.
- 어떤 일에 도전한 후 실패해도 그 경험을 삶의 지혜로 만들 줄 안다.
- 해결해야 할 문제가 생기면 다각도로 분석해 가장 효율적이고 합

리적인 선택을 한다.

- 부모와 나누는 대화와 가족 여행을 즐거워한다.
- 필요한 경우에 위트와 유머를 활용할 줄 안다.
- 타인을 이해하는 폭이 넓다.
- 여가시간에 다양한 스포츠와 예술을 즐긴다.
- 예술이나 스포츠로 스트레스를 날려버리는 노하우를 가지고 있다.

성장한 아이들은 '루루'를 자기들의 '아프고 행복한 역사'라고 엄청나게 고마워한다.

첫 책에 도전해 마감하려고 하니 고마운 이들이 떠오른다. 온몸이 힘든 노년기에 불평 한마디 안 하시고 아이들을 사랑으로 키워주신, 지금은 하늘에 계신 시부모님께 맨 먼저 큰 절을 올리며 이 책을 드리고 싶다. 그리고 주인공인 아이들! 부족한 엄마가 노력하는 모습을 지지해주고 훌륭하게 자라줘서 정말 고맙다. 삼십 년 이상 함께하며 힘들 때는 원망한 적도 있지만 아이들 교육문제로 혼란스러워 할 때 중심을 잃지 않도록 도와준 남편에게 고마움을 전한다. 나를 낳아주고 잘 길러주신 부모님과 현재 내 삶의 뿌리가 튼튼하게끔 자양분을 공급해준 언니, 오빠들도 정말 고맙다.

'무조건 책 한 권 쓰기' 프로그램이 없었다면 아직도 내 원고는 덮여 있었을 것이다. 세상에 나올 수 있도록 온·오프라인을 통해

해 지도해주신 미래경영연구원 오정환 원장님은 이 책의 산파 역할을 해주셨다. 마지막으로 부족한 원고를 꼼꼼히 봐주시고 나눌 수 있는 옷을 입혀주신 호이테북스 김진성 대표님과 편집자님께 감사드린다.

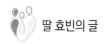 딸 효빈의 글

'루루', 엄마와 함께한 이십여 년의 인생 기록

　엄마 첫 책 출간을 축하드려요. 그리고 어떤 말보다 먼저 "감사합니다"라고 말하고 싶어요. 제 의견과 선택을 항상 믿어주시고, 다양한 경험을 할 수 있도록 지원해주시고, 성공, 실패와 관계없이 격려해주시고, 학교에 갈 때마다 "잘 놀다 와"라고 말씀해주셨던 것에 대해서요. 그 덕분에 저는 선택에 따른 책임까지도 스스로 생각하고, 더 넓은 세상을 궁금해하고, 성공에도 안주하지 않고 실패에도 포기하지 않으며, 어떤 일을 할 때도 즐거움을 찾는 사람으로 자란 것 같아요.

　제가 태어난 후 제 눈에 엄마는 항상 '엄마'였기 때문에 이런 고민이 있었다고는 생각하지 못했어요. 그저 '엄마는 당연히 엄마의 역할을 잘해야 하는데 왜 실수를 할까?'라고만 생각했어요. 엄마도 처음으로 '엄마'가 되었다는 것을 몰랐어요. 하지만 알고 봤더니 지금 제 나이에 엄마는 결혼을 했었고, 친구들과 어디로 여행다닐까 고민할 나이에 어떻게 하면 아이를 잘 키울까를 고민하셨더군요. 그 덕분에 생긴 '루루'는 직접 말하기 어려운 속마음을 전달할 수 있게 해주었어요. 그리고 지금은 어릴 적 저를 마주하게도 해주네요.

'루루'를 시작하기 전에는 내가 옷 정리를 안 해서 엄마한테 혼나면서도, '오늘은 엄마 기분이 안 좋은가 보다'라며 내 행동보다는 엄마의 기분 때문에 혼나는 거라고 생각했어요. 하지만 '루루'를 시작한 이후, 혼나거나 스스로 잘못한 것이 있다고 생각되면 며칠 후 '루루'를 펼쳐보게 됐어요. 그러면 이미 적혀 있는 엄마 생각을 읽고, '내가 엄마였어도 이런 생각을 했겠다'라고 생각하면서 엄마의 입장을 이해하게 되었어요.

내 모습을 객관적으로 보고 내 행동에 혹시라도 상했을 엄마의 마음까지 이해하는 과정이었기 때문에 때때로 '루루'를 여는 데에는 용기가 필요했어요. 하지만 그 과정에서 서로의 입장을 생각해보고 상대의 감정을 이해하려고 노력하는 것을 습관처럼 익히게 된 것 같아요.

우리 가족의 '루루'와 그 세월의 시행착오를 풀어 쓴 글이 엄마의 뜻처럼 새로운 '엄마'들에게 도움이 되기를 바랍니다.

딸 효빈 올림

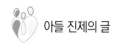

'루루', 나를 성장시킨 엄마와의 소통 창구

먼저 엄마의 양육방식이 책으로 세상에 나오게 됨을 정말 축하합니다. 육아나 자녀교육 책들이 많이 있지만, 엄마의 책은 저와 효빈이에게 있었던 실제 사례인 '루루'를 소개했기에 더욱 특별하다고 생각합니다.

곳곳에서 어린 날 철없던 진제가 보여서 부끄럽기도 합니다. 하지만 이건 제가 어른의 관점에서 보고 있기 때문인 것 같아요. 사실 누구나 어릴 때는 다 그럴 거예요. 새하얀 백지와 같은 아이들은 사람들과 지내온 기간이 몇 년 되지 않아 모든 일이 항상 새롭고 실수를 할 수밖에 없어요. 어른들이 보기엔 '당연하고 뻔한 일'들이겠지만 스스로 생각하고 반복해서 익힐 시간이 필요하지요.

아이들도 나름대로 생각을 합니다. 그 나름의 생각대로 행동하고 표현도 하지요. 하지만 무언가 잘못되고, 부모님이 웃음기 하나 없이 '왜 그랬니?' 하고 물어보면 아이는 대답을 할 수가 없어요. 아이 입장에서 부모님은 키워주고 보살펴주는 하늘과 같은 존재니까요. 그런 분들이 화나 있으면 표현이 서툰 아이들은 "죄송합니다"라고 밖에 말을 못 합니다.

엄마에게 '루루'는 화를 다스리고 부드럽게 표현하게 해준 노트였다고 하셨죠. 어릴적 효빈이와 저에게는 하고 싶은 말을 마음껏 할 수 있게 해준 하나의 '소통 창구'였습니다. 비록 글쓰기가 서툴고 어려울 때도 있었지만, '루루'가 없었더라면 선생님으로서 카리스마 넘치던 엄마에게 말 꺼내기를 무서워했을지도 몰라요. '루루' 덕분에 엄마는 우리 눈높이를 이해하게 되었고, 우리도 엄마 생각을 알게 되면서 유대감을 형성할 수 있었던 것 같습니다.

부모님은 '하늘'이 아니라 우리와 같은 '사람'이라는 것을 알게 되면서 더욱 깊은 대화를 하게 되었죠. 지금도 화목하고 서로를 아끼는 우리 가족, 그 첫 출발이 '루루'가 아니었을까요?

워킹맘이라서 남들보다 아이들에게 신경을 못 써줬다는 생각을 하셨던 것 같은데, 저희는 오히려 더욱 깊은 사랑과 다방면으로 풍부한 관심을 받았다고 생각합니다. '루루' 외에도 한 달 용돈으로 경제관념을 길러 주신 것, 성적만을 위한 학원에는 절대로 보내지 않으셨던 것, 대신 그 시간에 제가 평생 즐길 수 있는 클래식 음악 감상, 피아노, 클라리넷, 수영, 탁구, 스키를 배우게 해주셨던 것은 제 평생의 밑거름이 될 수 있는 사려 깊은 보살핌이었다고 생각합니다. 어릴 때부터 접해보지 않은 것들은 어른이 되어서 새로 배우기가 어렵잖아요? 덕분에 저는 여름에는 수영, 겨울에는 보드, 평소엔 탁구를 즐기고, 우울할 때는 피아노 연주나 클래식 음악 감상을 하며 마음을 다스립니다. 그리고 클래식 기타 등 다른 악기도 배우면서 좋은 사람들도 만나고 컨텐츠가 풍부한 다채로운 삶을 살게 되었습니다. 요샌 작곡에도 관심이 생겨 기웃거리는 중이에요.

　엄마가 '루루'를 포함한 좋은 양육법들을 찾아낼 수 있었던 비결은 아이를 나와는 다른 생각을 하는 하나의 인격체로 바라보고, 잠재성을 믿고 지켜보고, 좋은 엄마가 되기 위한 교육도 찾아 들으며 자녀교육에 대해 꾸준히 고민하셨던 것 때문이 아닐까 추측해봅니다. 저도 나중에 엄마 같은 부모가 될 수 있을까요? 그랬으면 좋겠습니다. 정말 감사하고 사랑합니다, 엄마!

- 한 문장 완성하는 것이 세상에서 제일 어려웠던 진제 -

이 책을 쓰는 데 참고한 자료들

- 정현정, 문혁준 저, 〈아동의 성취동기와 관련된 변인들: 어머니의 의사소통유형 및 정서적 지지와 아동의 자아존중감〉, 한국가정관리학회지, p107-119, 2011년 29권 5호
- 강준만 저, 《감정 독재》, 인물과사상사, 2013
- 이민규 저, 《실행이 답이다》, 더난출판사, 2011
- 윌리엄 시어스, 마사 시어스, 박혜근 저, 최성일 역, 《현명한 부모는 아이를 스스로 변하게 한다》, 동녘라이프, 2004
- 이지은 저, 《지금 시작하는 엄마표 미래교육》, 글담출판, 2017
- 로베르타 골린코프, 캐시허시-파섹 저, 김선아 역, 《최고의 교육》, 예문아카이브, 2018
- 마츠나가 노부후미 저, 이수경 역, 《작은 소리로 아들을 위대하게 키우는 법》, 21세기북스, 2018
- 셸리 테일러 저, 임지원 역, 《보살핌》, 사이언스북스, 2008
- 전성수 저, 《부모라면 유대인처럼 하브루타로 교육하라》, 예담Friend, 2012
- 리처드 니스벳 저, 최인철 역, 《생각의 지도》, 김영사, 2004
- 대니얼 카너먼 저, 이창신 역, 《생각에 관한 생각》, 김영사, 2018

- 로버트 루트번스타인, 미셸 루트번스타인 저, 방종성 역,《생각의 탄생》, 에코의서재, 2007
- Michael H. Popkin 저, 차영희, 홍경자, 최태산, 노안영 역,《부모코칭 프로그램: 적극적인 부모역할, Now!》, 학지사, 2007
- EBS 아이의 사생활 제작팀 저, 손석한 감수,《아이의 사생활: 두 번째 이야기》, 지식채널, 2013

'루루' 사진 예

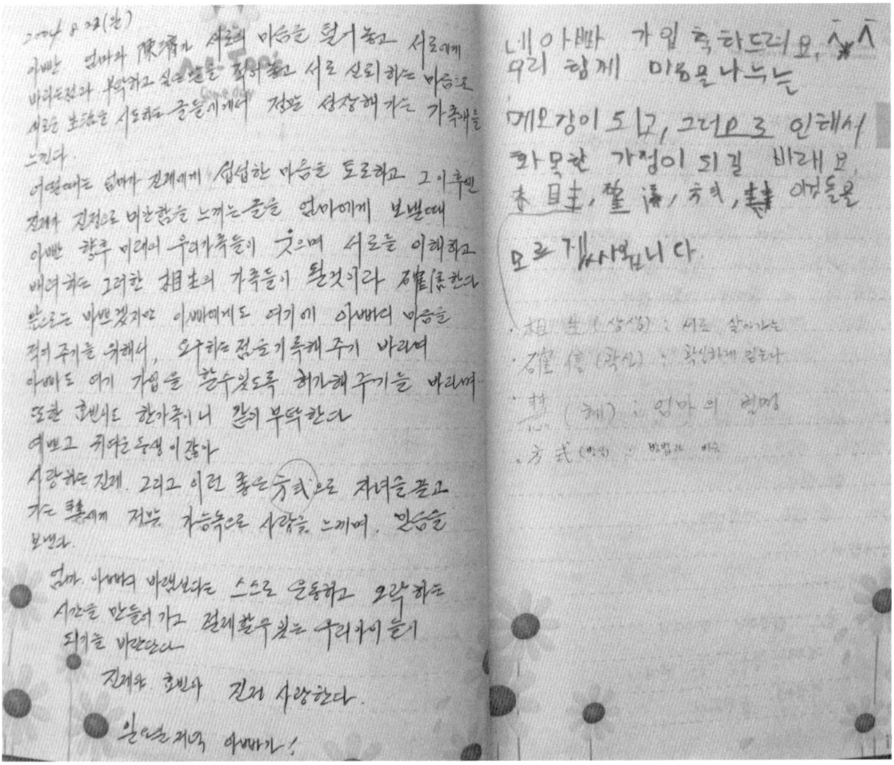

〈본문 148페이지에 나온 '루루' 실제 사진〉

2003. 1. 14.
날씨가 무척 냉랭(차갑다는 뜻) 했음에도 불구하고
컴퓨터 배우러 나서는 효빈이가 기특했다.
결국은 버스 정류소가 어딘지 보고 되돌아오긴 했지만...

엊제. (이틀전이라는 뜻)
컴퓨터 수업이 끝나는 시간에 맞추어 학교에 가서
효빈이를 기다리다 아이가 사라진 것에 놀라고있었다.
30분씩이나... 그 때 교문 밖에서 운동장으로 유유히
걸어오는 효빈이를 보고 궁금증이 커졌었다.
"왜 수업 않고, 이제사 학교로 오는거지?"
"무슨일 있었니?"
"......"

"컴퓨터 수업 했니?"
"고개만 절래 절래
"오늘 수업하러 와서
공부안하니?" - 내눈이 커짐
"......"

"말을 해야지. 엄마에게"
"... 엄마. 근데 미술버스가
내가 생각하는데로 않가고 다른데로 가서 자꾸자꾸...
서면까지 갔다가 오니 이 시간이... 황당 뚝뚝

〈본문 157페이지에 나온 '루루' 실제 사진〉

Some day

2009/11/22, 맑음(추움) :8:

심심해서 이 노트를 한번 덜쳤는데 보이는건 리다
답 기다리는 엄마 편지 뿐... 내가쓴건 뭐이리 안녕론만
있는것 같네ㄱ-, 글 적어 온지도 오래되서 적기도
어려워 지고... 더 안적는 것 같음... 그런데도 꾸준이
나의! 역사를 기록해 나가는 서기 점여사 (ㅋㅋ)께
진심으로 감사 드립니다. 지난 3달, 특히 last 한달은
엄마가 고생이 무척 많으셨어요, 몇가지 에피소드를
들자면, 경성대 앞에서 헤멨던 적, 오다가 사고 날뻔
하셨던적, 엄마가 해운대로 갔는데, 아빠가 먼저
저를 태우고 와서 다시 돌아오신적.. 등등
그리고 기본 30~40분 꿈 기다리시 면서
" 진제 태우려고 기다리는 시간은 오히려 즐겁다 " 라는
말씀까지 해서 몸둘바 죄송하고 더욱 감사 합니다.
이제 들어가서, 고생은 덜 하려고 또 남은 3개월간
열심히 해야 되 네요. 엄마 지윤이 참 든든한
힘이 되군요. ㅎㅎ

⟨본문 209페이지에 나온 '루루' 실제 사진⟩

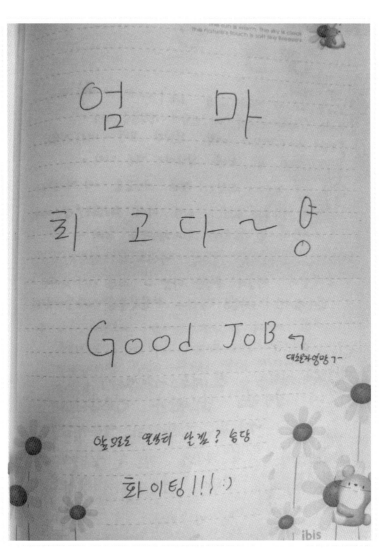

〈본문 209페이지에 나온 '루루' 실제 사진〉

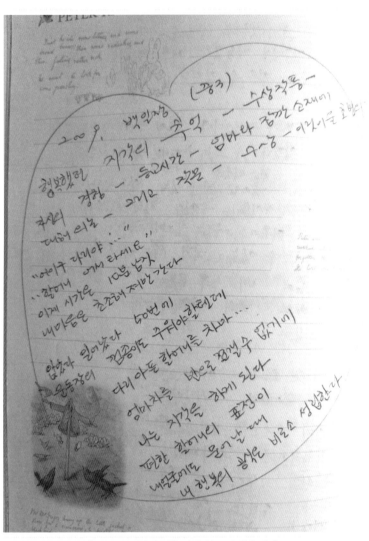

〈본문 101페이지 상황 당시의 '루루' 실제 사진〉

2006년 ○○ 중순 (일기에)

"아빠 자전거 타고 가렴"

"네" 바삐나가는 너의 뒷모습 - 혼란스럽노?
그날 낮 2시경 온 전화
"엄마! 자전거가 없어졌어요"
"어디 두었는데"
"버스정류소 에요"
"안 잠궈 뒀니?"
"네! 잠그는 끌이 안보이기에...
그냥 놔두고, 지각할까봐 학교에
뛰어 들어갔는데 점심시간에
나와보니 없어졌어요"

"찾을수 없나요. 신고 할까요"
순진한 중학교 그학년 남자아이의 세상에 대한
믿음이 깨지는 사건, 세상을 배워가는
그녀석의 공부차는 비싸게 치른다 싶었다
평소 잘 못챙기고, 흘리고....
"집에가서 얘기 하자" "네"
뚝 ——
그날 저녁 진제의 느낌은 다양했었다
"아깝다, 아빠께 죄송하다, 누가 다시 갖다 놓지 않을까-

a starry night....

〈본문 115페이지 상황 당시의 '루루' 실제 사진〉

THE WORLD OF
PETER RABBIT

2008. 6. 17.

2009. 4. 18. 에 쓴 너를 보면

"엄마가 나보다 오빠를 더좋아
하는거 같아서 ~~~"

그 말은 많이 섭하다.

오빠는 오빠의 특성대로
엄마는 좋아하고 있고

넌 너의 특성대로 엄마에게
기쁨, 감동 등을 주기에 좋아하고
있는데 ... 비교 할 수 있는 부분은

You may go into
the fields or down the
lane, but don't go into
Mr. McGregor's garden.

The Tale of Peter Rabbit

아닌듯해. 잘 이해해 주기 바라며

일요일아
지금낮 12시 3분 + 10 분 까지도 잠을 끊기는
널 안깨우는 엄마의 맘♡ 너 아니?
잠도 하나의 안정감 형성에 중요한
요소임을 ...

이번 시험(기말, 고1)에서 꼭 너의
목표 이루기 바래.

〈본문에는 없지만 섭한 마음, 오해를 없애주는 '루루'〉

2009. 6. 20

저것은 그런 뜻으로 적은 것이 아니라 질투를 했다는! 그러니까 그정도 엄마를
♡한다는 뜻이있어요 오해하시기는 ㅎㅎ.
그리고 저녁에 진짜 오랜만에 note를 잠시하는데
엄마가 오면서 좀 화난목소리로 뭐하냐고 물어서
할 말도없고 (시험기간이니까) 대답하기도
그래서 있는데 똑직히 말하면 뒤에서
보고있으면 편히 대화를 할수가없어요. 그래서
뉴스안보고그랬고 또 김현태는 남학생이 아닌데
엄마가 오해할까봐 또 좀 그랬어요.
　아 아무튼 요즘 엄마는 항상 믿어 주시고
의심도 안하셔서 감사합니다 계속 저를 그냥
편하게 봐두시면 제가 알아서 잘할테니 걱정마세요
엄마와 아빠 요즘 사이 좋으셔서 제 마음도 편해요
항상 그렇게 안고 주무시길...
　사랑해요 엄마♡ - 장외서 말 안맞는 효빈 올림

〈본문에는 없지만 섭한 마음, 오해를 없애주는 '루루'〉

루루, 하루 10분 아이와의 소통법

초판1쇄 인쇄 | 2020년 11월 1일
초판1쇄 발행 | 2020년 11월 6일

지은이 | 전예서
펴낸이 | 김진성
펴낸곳 | **벗나래**

편　집 | 허　강
디자인 | 이은하
관　리 | 정보해

출판등록 | 2012년 4월 23일 제2016-000007호
주　　소 | 경기도 수원시 장안구 팔달로237번길 37, 303(영화동)
대표전화 | 02) 323-4421
팩　　스 | 02) 323-7753
전자우편 | kjs9653@hotmail.com

값 14,000원
ISBN 978-89-97763-36-8(03370)